Der souveräne Unternehmer zur Jahrtausendwende

Der souveräne Unternehmer zur Jahrtausendwende

Philosophische Ethik - Grundlage für dauerhaften wirtschaftlichen Erfolg

von Josef Schmidt

JOSEF SCHMIDT VERLAG
Postfach 10 11 62 • D-95411 Bayreuth
Eduard-Bayerlein-Straße 5
D-95445 Bayreuth
Tel. 0921/8090 • Fax 0921/80934

ISBN 3-926 258-17-9

1. Auflage 1996, Josef Schmidt Verlag, Bayreuth

INHALTSVERZEICHNIS

Vorwort

Was macht ein Unternehmen erfolgreich? Die Antwort ist eigentlich ganz einfach: ein tüchtiges Management, qualifizierte Mitarbeiter, ein entwicklungsfähiger Markt, auf dem die richtigen Produkte und Dienstleistungen mit der richtigen Strategie plaziert werden. Nur ist es leider heute schwieriger denn je, ein tüchtiger Manager zu sein. Denn die Wachstumsmärkte, die noch in den 70er Jahren dem Unternehmer die Aufgabe leicht machten, sind rar geworden; sie müssen meist erst geschaffen werden.

Viel ist derzeit im Management von revolutionären Veränderungsprozessen die Rede, auch angesichts der nahenden Jahrtausendwende, die zusätzlich bedrohlich erscheint. Doch die Lösungen der Managementprobleme von heute erweisen sich oft schon morgen als obsolet. Lean Management und Business Reengineering zum Beispiel stehen längst in der Kritik, weil die erhofften Wirkungen in der Praxis ausgeblieben sind. Meist war der Schaden größer als der Nutzen. Dafür soll künftig "systemisch-evolutionär" gedacht und das Unternehmen mit "realen Netzwerken" und "virtuellen Betrieben" zur "lernenden Organisation" umgestaltet werden. Doch auch hinter diesen hochtrabenden Begriffen verbergen sich unausgegorene Konzepte, die dem Management vor allem Schwierigkeiten machen werden. Denn die Frage, die bei diesen wunderbaren Neuerungen in der Regel viel zu kurz kommt, lautet: Welche Rolle spielt der Mensch?

Ich möchte in diesem Buch ein Managementprinzip diskutieren, das auf den ersten Blick ungewöhnlich scheinen mag: das der von mir so genannten philosophischen Ethik. "Ethik hat uns in Zeiten beinharten Verdrängungswettbewerbs gerade noch gefehlt", wird mancher sagen. Meine Antwort ist: Gerade jetzt muß ein Unternehmen nach ethischen Grundsätzen handeln, denn im Mittelpunkt der Ethik steht der von kurzsichtigen Managementtechnokraten vernachlässigte Mensch. Erst wenn der Mensch und seine Welt in den Mittelpunkt unserer Veränderungsstrategien rückt - als Kunde wie als Mitarbeiter -, sind wir in der Lage, das oberste unternehmerische Ziel, das ebenso wirtschaftlich wie ethisch ist, zu verwirklichen: uns im Nutzenbieten von niemandem in unserer Branche übertreffen zu lassen.

Das ist gewiß nicht einfach. Dieser Grundsatz ist eine Vision, an der täglich gearbeitet werden muß. Er ist aber die Leitlinie, die den "Machern", die derzeit aufgeregt an Organisations-, Personal- und Kostenstrukturen herumfuhrwerken, fehlt. Er garantiert uns, daß der nächste Schritt ein Schritt in die richtige Richtung wird. Denn dem anderen dabei zu dienen, Mittelpunkt seiner Welt zu sein, ist die Grundlage für dauerhaften wirtschaftlichen Erfolg. Wer sich diesen Grundsatz zu eigen macht, wird der Zukunft gelassener entgegensehen. Er ist ein "souveräner Unternehmer".

Dieses Buch reflektiert verschiedene Facetten des Grundgedankens, dem anderen zu dienen, Mittelpunkt seiner Welt zu sein. Auch die Instrumente wie Energieplan und Zeitplanung, die helfen, dieses Ziel zu erreichen, werden vorgestellt. Es gibt auch zwei Exkurse über Ästhetik und Wasser; sie sollen dazu anregen, das Staunen wieder zu lernen. Denn ohne staunendes Innehalten, das einst die Pionierunternehmer auszeichnete, ist auch im Zeitalter der Elektronik Kreativität nicht denkbar.

Im Schlußkapitel nähert sich der Journalist Dietmar Gottschall dem Thema noch unter einem ungewöhnlichen Blickwinkel, dem der Hirnforschung. Gottschall hat mich auch zu den einzelnen Kapiteln noch kurz befragt.

Josef Schmidt

1. Kapitel

Ich bin der Mittelpunkt meiner Welt

Wir vermögen zu denken, zu fühlen, zu wünschen, zu glauben und zu hoffen. Wir können mit so etwas unvorstellbar Komplexem umgehen wie Sprache, sind aber noch himmelweit davon entfernt, die Mechanismen zu verstehen, nach denen das menschliche Gehirn funktioniert. Die gesamte Schöpfung ist ein Anlaß zum Staunen.

Es gibt aber auch Dinge und Zustände, über die man staunen kann, weil sie elend und mangelhaft sind. Ich staunte, daß man im Management so viel falsch machen kann und stellte zugleich fest, welch enorme finanzielle Schäden und welch grenzenloses Leid dadurch entstehen: vernichtete Arbeitsplätze, gefährdete Existenzen, zerrüttete Familien, ruinierte Zulieferbetriebe, Folgewirkungen ohne Ende.

Das war für mich die Ausgangssituation, als ich begann, mein Managementmodell UnternehmerEnergie zu entwickeln. Als ich daran arbeitete, gab es für mich noch mehr Grund zum Staunen. Ich stellte fest, daß uns Probleme, die wir vor uns herschieben, grenzenlos schikanieren können. Ich stellte aber auch fest, daß es möglich ist, Schwierigkeiten in ihr Gegenteil zu verkehren. Ich stellte fest, daß der Unterschied zwischen erfolgreichen Menschen und Unternehmen und sehr erfolgreichen Menschen und Unternehmen immer in der Antwort auf die Frage besteht: Was lerne ich aus meinen Schwierigkeiten? Inkonsequenz ist oft die Ursache allen Leides, erkannte ich.

Die ersten Auflagen meines Lehrwerks waren in erster Linie Anleitungen zum Krisenmanagement - bis ich begriff, daß es nicht darum geht, immer nur kleinere und größere Probleme aus der Welt zu schaffen. Man muß das Ideal anstreben. Das Ideal als Zielvorstellung setzt weit mehr Energie frei als die Versuche, die dringendsten Probleme zu lösen. So entstand die Vision, ein umfassendes Managementmodell zu schaffen, das alle Menschen im Unternehmen einbezieht.

Nur genügte das noch nicht. Denn was nützt das beste Managementmodell, wenn es niemand kennt? Deshalb gründete ich das Lehrinstitut für persönliche Planung und strategisches Management, das in dieser Form in Deutschland einmalig ist.

Aber das genügte auch noch nicht. Wir brauchten darüber hinaus eine Vision, an der sich sowohl meine Mitarbeiter als auch meine Klienten orientieren können, die geistige Klammer. Ich fand sie in der philosophischen Ethik:

"Ich bin der Mittelpunkt meiner Welt (nicht der Welt), wohl wissend, daß das für jeden anderen Menschen auch gilt. Dem anderen Menschen zu dienen, Mittelpunkt seiner Welt sein zu können, ist die Grundlage des persönlichen und wirtschaftlichen Erfolgs."

Was ist damit gemeint?

Mit Dienen ist gemeint, daß ich mein Wissen und Können in den Dienst einer ganz bestimmten Zielgruppe stelle, um ihr einen ganz bestimmten, vielleicht sogar einmaligen Nutzen zu bieten. Für mich als Mensch und Unternehmer folgt daraus, daß ich mich in dieser Begabung und der daraus resultierenden Fähigkeit, Nutzen zu bieten, von niemandem übertreffen lasse.

Ich weiß, das ist leichter gesagt, als getan. Es ist eine Vision. Visionen, wie ich sie verstehe, sind jedoch Wünsche, die in einem gesunden Menschenverstand wurzeln. Deshalb lassen sie sich auch verwirklichen. Von ihnen werden Menschen beseelt, denen das Herz von dem Verlangen überläuft, etwas Besonderes zu schaffen, das gleichzeitig auch ein Problem unserer Zeit löst. Die Wünsche können so groß sein, daß sie, wie Hermann Simon einmal sagte, das gerade Machbare sind. Es kann durchaus sein, daß sie nicht ganz "machbar" sind. Aber auch dann entstehen Ziele, die Ordnung in unser Bewußtsein bringen, so daß der nächste Schritt ein Schritt in die richtige Richtung sein wird.

Diese Vision, an der wir im Josef Schmidt Colleg jeden Tag arbeiten, wollen wir auch unseren Klienten vermitteln. Denn das ist unsere feste Überzeugung: Ein Mensch, dem es gelingt, sich auf seinem Spezialgebiet im Nutzenbieten von niemandem übertreffen zu lassen, ist Herr der Lage und damit auch Mittelpunkt seiner Welt. Ihm dabei zu helfen, daß er in diesem Sinne Mittelpunkt seiner Welt wird - darin sehen wir unsere Aufgabe.

Mir ist bewußt, daß es auf diesem Weg viele Hindernisse gibt. Denn unser Leben ist voll von Fallen und Blockaden, weil wir zu wenig nachgedacht haben. Von Kindheit an wird uns eingeredet und vorgemacht, wie die Dinge sind und wie sie sein sollten; unserer Kreativität wird schon früh der Weg verbaut. Den müssen wir uns wieder bahnen. Kein Geringerer als Albert Einstein hat gesagt: "Phantasie ist wichtiger als Wissen." Es ist ein Graus: Man erzieht, wie man erzogen wurde, und weiß es nicht einmal. Erst im Alter erkennen manche, wie sehr sie manipuliert wurden. Bis dahin haben sie oft Selbstverwirklichung über ihre Kinder betrieben - und dazu beigetragen, daß sich die Manipulation in der nächsten Generation fortsetzt.

Von Clemens von Brentano stammt der Satz: "Es sollte uns weder in der Mitte unseres Lebens passieren und schon gar nicht am Ende, daß wir sagen müssen: Der, der ich bin, grüßt traurig den, der ich sein könnte." Um diesem Schicksal zu entgehen ist es wichtig, zunächst einmal innezuhalten, stille zu sein, loszulassen. Es gibt keinen Grund zu verzagen.

"Hindernisse überwinden ist der Vollgenuß des Daseins", hat Arthur Schopenhauer geschrieben. Alles beginnt damit, daß wir verkrustete Strukturen in Frage stellen. Das ist der Ausgangspunkt des Weges zum Mittelpunkt unserer Welt.

Wir müssen prüfen, was wir von all den Dingen und Gewohnheiten, die uns anscheinend lieb und teuer sind, in Wirklichkeit "benötigen".

Gehen wir unser Haus, unsere Wohnung, das Wohnumfeld durch, und wir werden fündig.

Gehen wir unsere Aktivitäten, unsere Routine und Zeitplanung durch, und wir werden fündig.

Gehen wir unsere Gedanken, unsere Befürchtungen und Ängste durch, und wir werden fündig.

Räumen wir auf in unserem Denken und Handeln, und wir haben auf einmal wieder Zeit. 86.400 Sekunden jeden Tag. Es liegt zum größten Teil an uns, wie wir damit umgehen.

Versuchen wir es einmal eine Zeitlang in der Stille eines Klosters, einer Berghütte. Vielleicht auch auf einem Seminar. Immer wieder erlebe ich, daß Seminarteilnehmer sagen: "Ich hatte Angst, eine ganze Woche nicht im Betrieb zu sein und stellte hinterher fest, daß ich für mich und damit auch für die Firma mehr gewonnen habe als in wochenlanger operativer Hektik."

Wenn wir durch Loslassen, Auslassen und Weglassen Freiräume geschaffen haben, fällt es verhältnismäßig leicht, die Vision zu entwickeln, wie wir durch Nutzenbieten andere dabei unterstützen können, Mittelpunkt ihrer Welt zu sein.

Ich habe mir in diesem Zusammenhang viele Gedanken über eine Aussage von Charles de Gaulle gemacht: "Wer zaudert, hat schon verloren. Zauderer sind nicht Analytiker, sondern Menschen, die nach einem meist wehleidigen Grund suchen und ihn auch finden, etwas nicht zu tun oder nicht tun zu müssen. Im Prinzip sind sie nur nicht bereit zu großen, schönen, wertvollen Dingen ja zu sagen, weil sie die Anstrengung scheuen, die damit verbunden ist."

Das ist sicher ein Dilemma. Unser Credo ("Ich bin der Mittelpunkt meiner Welt...") stammt aus der philosophischen Ethik, und die Anstrengungen, es im Alltag zu befolgen, sind ethischer Natur. Wir greifen dabei nach Idealen. Aber anders geht es gerade auch in der heutigen Zeit nicht (siehe dazu Kapitel 6 dieses Buches). Worum es geht, möchte ich an einer Geschichte verdeutlichen:

"Zu Sokrates kam einmal ein Mann und sagte: Du, höre, ich muß dir etwas Wichtiges über deinen Freund erzählen.

Warte einen Moment, unterbrach ihn der Weise. Hast du das, was du mir erzählen willst, durch die drei Siebe hindurchgehen lassen?

Welche drei Siebe?

So höre gut zu, sagte Sokrates. Das erste ist das Sieb der Wahrheit. Bist du überzeugt, daß alles, was du mir sagen willst, wahr ist?

Der andere meinte: Das nicht, ich habe es nur von anderen gehört.

Aber dann hast du es wohl durch das zweite Sieb gehen lassen, fuhr Sokrates fort. Es ist das Sieb der Güte.

Der Mann errötete und antwortete: Ich muß gestehen, nein.

Und hast du an das dritte Sieb gedacht und dich gefragt, ob es nützlich sei, mir das von meinem Freund zu erzählen?

Nützlich? Eigentlich nicht.

Siehst du, sagte der Weise, wenn das, was du mir erzählen willst, weder wahr, noch gut, noch nützlich ist, dann behalte es lieber für dich."

Eine hübsche Geschichte, werden manche sagen, aber was hat das mit meiner Arbeit zu tun? Ich denke, wenn wir verändern wollen, und zwar zum Besseren, humanitär, ökologisch und natürlich auch ökonomisch, dann erreichen wir das nicht mit Tricks und Finten oder gar mit Lügen, nicht mit Haß und schon gar nicht mit Gewalt, sondern indem wir allen unseren Taten einen "Ethikfilter" vorschalten. Und das immer unter der Prämisse, anderen dienen zu wollen, Mittelpunkt ihrer Welt zu sein.

Ich möchte mit meinem Managementmodell UnternehmerEnergie keine neue Ideologie in die Welt setzen. Ich möchte Möglichkeiten aufzeigen, wie der Mensch, auch und besonders der unternehmerisch tätige, seine hierzulande fast grenzenlose Freiheit besser nutzen kann, zu seinem und anderer Menschen Vorteil. Ich gehe einig mit dem französischen Sprichwort, das da lautet: "Jeder Tag ist 24 Stunden Freiheit." Und Freiheit ist für mich, um ein Wort von Rosa Luxemburg zu verwenden, immer auch die Freiheit des anders Denkenden.

Daß wir die Freiheit des anderen selbst dann respektieren müssen, wenn wir mit ihm in der Sache nicht einig sind, ist ein Gebot der Toleranz, aber auch der naturwissenschaftlich abgesicherten Vernunft.

Ich habe am Anfang kurz angedeutet, daß wir noch "himmelweit" davon entfernt sind, das menschliche Gehirn zu verstehen. Ganz stimmt das nicht. Wir wissen bereits genug, um feststellen zu können, daß jeder Mensch nicht nur aus philosophischer, sondern auch aus hirnbiologischer Sicht in einer ganz persönlichen eigenen Welt zuhause ist. Leser, die sich für die neurobiologischen Aspekte unseres Denkens und Handelns interessieren, finden am Schluß des Buches einen Text, den Dietmar Gottschall dazu geschrieben hat.

Unter welchem Gesichtspunkt auch immer: Es ist mir ein tiefempfundenes Anliegen - eine Vision - dazu beizutragen, daß andere zu sich und dem, was sie tun, ja sagen können, weil der Nutzen, den sie bieten, anderen und damit auch ihnen zugute kommt. In dem Maße, in dem sie auf diese Weise anderen helfen, Mittelpunkt ihrer Welt zu werden, rücken sie in den Mittelpunkt ihrer eigenen. Sie befinden sich mit sich im Einklang. Das ist sicher eine Vision wert.

"Ethik ist ein großes Wort."

Frage: Den Leitgedanken des Josef Schmidt Colleg, daß jeder dem anderen dienen solle, Mittelpunkt seiner Welt zu sein, bezeichnen Sie als "philosophische Ethik". Warum?

Schmidt: Schon Plato hat sich in dieser Hinsicht geäußert, und von ihm stammt auch die Einteilung der Philosophie in Logik, Ethik und Ästhetik. Daher kommt die Bezeichnung.

Frage: Ethik ist ein großes Wort, das Manager zuweilen gelassen aussprechen, zum Beispiel wenn sie von Unternehmensethik reden.

Schmidt: Man muß aufpassen, daß mit dem Begriff nicht Schindluder getrieben wird. Ethisches Handeln heißt für uns, im Geschäftsleben dem Kunden den denkbar besten Nutzen zu bieten. Daß wir dadurch am Markt unschlagbar werden, ist sozusagen der Lohn für ethisches Verhalten.

Frage: Wer dem Kunden optimalen Nutzen bietet, hat wirtschaftlich Erfolg?

Schmidt: Das ist es, was viele Unternehmer nicht verstehen. Sie versuchen, sich zu Lasten anderer zu bereichern. Dabei ist der umgekehrte Weg der einzige, der dauerhaft zum Erfolg führt. Ihr Motto müßte eigentlich lauten: Willst Du Gewinn, dann denke an den Vorteil anderer.

Frage: Warum verstehen sie das nicht?

Schmidt: Vielleicht spielt hier der Raubinstinkt, der den Menschen hin und wieder einen Streich spielt, eine Rolle. Da verhandelt zum Beispiel der Manager mit einem Kunden und der Raubinstinkt bestimmt: Nutze den Augenblick, maximiere den Profit. Obwohl es im eigenen Interesse besser wäre, den Vorteil des Kunden zu suchen. Oder der Raubinstinkt signalisiert: Wo andere hinrennen, da muß etwas zu holen sein. Dabei wäre es erfolgversprechender, nach unbefriedigtem Bedarf zu suchen und dort als erster helfend einzugreifen.

Frage: Was kann man dagegen tun? Sie sagen, wir sollten unseren Entscheidungen einen "Ethikfilter" vorschalten. Was meinen Sie damit?

Schmidt: Wir haben das Glück, in einer Gesellschaft mit einem Höchstmaß an persönlicher und unternehmerischer Freiheit zu leben. Freiheit und Ethik sind meiner Überzeugung nach untrennbar miteinander verbunden. Der Ethikfilter hilft uns, den Egozentriker, der in jedem von uns steckt, zu bändigen.

Frage: Eine unter Umständen schmerzvolle Sache.

Schmidt: Ich meine, daß die selbstkritische Analyse sicherlich Schmerz verursacht. Ich meine aber auch, daß derjenige, der den Schmerz der Analyse erträgt, auch die Zukunft meistern wird. Vieles in unserem Leben schmerzt, und am Ende steht der große Erfolg. Hat Morgenstern nicht recht, wenn er große Führerpersönlichkeiten sagen läßt: "Verzeiht, wenn manchen manches hart hier trifft. Mein

Pfeil soll treffen, doch er trägt kein Gift"? Ich glaube, daß erfolgreiche Unternehmer in diesem Sinne auch sich selbst gegenüber kritisch sind.

Frage: Ist das also ein pädagogisches Prinzip, das sich Unternehmer und Manager im Umgang mit sich und ihren Mitarbeitern zu eigen machen sollten?

Schmidt: Die Pionierunternehmer der Vergangenheit haben bestimmt so gehandelt, hart und gerecht nach der Devise leben und leben lassen. Ethisch gesehen war das völlig in Ordnung.

Frage: Und die Manager heute?

Schmidt: Auf die kommen wir in Kapitel 6 zu sprechen.

Frage: Ihr Postulat, dem Menschen zu dienen, Mittelpunkt seiner Welt zu sein, ist das für Sie eine Vision?

Schmidt: Ja. Dieser Leitsatz führt zu der Vision von einem besseren, schöneren, ehrlicheren, bewußteren Leben. Das gibt es aber nicht umsonst, das kostet einiges an Anstrengung. Visionen sind für mich das gerade noch Machbare und eine Herausforderung, die nie endet.

Frage: Und diese Lebenseinstellung, die doch ein wenig schwärmerisch klingt, hilft auch im Berufsleben weiter?

Schmidt: Ich will mit Goethe schwärmerisch antworten: "Willst Du glücklich sein im Leben, trage bei zu anderer Glück. Denn die Freude, die wir geben, kehrt ins eigene Herz zurück."

Übertragen in die Sprache des Managements heißt das nichts anderes als: Willst Du Profit, befriedige die Wünsche Deiner Kundschaft.

Frage: Und dadurch diene ich dem anderen, Mittelpunkt seiner Welt zu sein?

Schmidt: Ja, unter der Voraussetzung, daß es wirklich eigene, nicht von außen aufgepfropfte Bedürfnisse sind.

Managerprofil des Jahres 2000

Der Manager der Zukunft ist in allem flexibel.

Er ist ständig bereit, Bewährtes und Neues zu wagen und womöglich zu verbinden.

Er arbeitet nur dann mit gleichbleibend hoher Motivation, wenn er in der Arbeit seine Selbstverwirklichung findet, sein Selbstwertgefühl dadurch steigert und ein sinnvolles Leben führen kann.

2. Kapitel

Wie ich jammernden Menschen helfen kann, Mittelpunkt ihrer Welt zu sein

Weit mehr Menschen könnten Erfolgsmenschen sein, wenn sie sich nicht die ihnen angeborene Dynamik vermiesen würden.

Wenn ich jetzt etwas über Mißerfolgsfaktoren von Menschen erzähle, die ihre persönliche und berufliche Situation nicht im Griff haben, werden manche mit Recht fragen: Warum erzählt er das gerade mir? Ich bewerkstellige mein Leben, indem ich die Lebenseinflüsse so verwerte, daß ich meine Pläne verwirkliche und das daraus entstehende persönliche Gedeihen genießen kann. Und das nach der Devise: Biete Nutzen und schädige niemanden!

Aber haben wir schon einmal darüber nachgedacht, wie viele Menschen auf diesem Niveau denken und handeln?

Der Prozentsatz dieser Menschen ist verschwindend klein. Das heißt: Wir haben es überwiegend mit Leuten zu tun, die keinerlei Lebenserfolg genießen, sondern vor allem jammern und viele gute Gründe aufzählen, auch fürderhin jammern zu müssen.

Hier tut sich für jeden von uns ein breites Betätigungsfeld auf: Wir müssen dazu beitragen, daß aus jammernden Menschen aktive Persönlichkeiten werden, die ihren Mann dort stehen, wo sie gebraucht werden, oder - wie wir vom Josef Schmidt Colleg sagen - ihnen dienen, Mittelpunkt ihrer Welt zu sein. Denn wer jammert, ist mit sich nicht im reinen und somit kein produktives Mitglied der Gesellschaft, und unglücklich ist er obendrein.

Wie gelingt uns das? Ich möchte das an einem Beispiel aus der Natur kurz erläutern.

Wir wissen, daß wir in der Landwirtschaft den Boden ruinieren, wenn wir durch Überdüngung das Letzte an Energie aus ihm herausholen. Deshalb sagen sich viele Landwirte: Wir machen das anders, wir erzeugen Humus - mit Mist, Kompost, Regenwürmern. Dabei bilden sich unzählige Mikroorganismen, die ein einwandfreies Wachstum der Pflanzen für alle Zukunft garantieren. Das Interessante dabei ist, daß die Wirkung der richtigen Düngung weit über den eigenen Acker hinausreicht und auch auf den Nachbarfeldern für gedeihliches Wachstum sorgt.

Ich will damit sagen: Wir müssen allein schon durch unser Vorbild auf die für uns wichtigen Menschen wie Sauerteig wirken, und haben wir erst einmal auch hier den Boden bereitet, können wir sie allmählich in den Kreis erfolgsorientierter Menschen einführen.

Dazu müssen wir uns ihre Lebenseinstellung genauer ansehen, meist kein sehr erfreuliches Unterfangen. Denn Leute, die jammern, suchen oft gar keinen Ausweg aus dem Jammertal, sie ergötzen sich geradezu am Jammern.

Nicht nur, daß der Jammerer vor lauter Jammern keine Zeit für vernünftige Arbeit hat. Nicht nur, daß in diesem jämmerlichen Zustand die Stimmung total sinkt. Nicht nur, daß der Lamentierton auf andere destruktiv wirkt. Das Schlimmste ist, daß der Jammerer immer neue Argumente findet, um seinen bejammerten Zustand zu begründen. Er schildert ihn in den schillerndsten Farben - in dieser Hinsicht ist er kreativ - und versucht der Welt glaubhaft zu machen, daß nichts daran zu ändern sei.

Worüber wird nicht alles gejammert. Zum Beispiel über Streß, die vermeintliche Ursache und Folge allen Übels. Doch der Jammerer weiß gar nicht, was Streß eigentlich ist, wann er schadet und vor allen Dingen, wann er nützt. Manfred Köhnlechner, ein ehemaliger Manager und jetzt erfolgreicher Heilpraktiker, schreibt:

"Streß an sich ist gesund! Es wird Zeit, daß wir den Streß nicht länger verteufeln und seine lebensnotwendige Funktion endlich anerkennen. Wenn wir zum Beispiel einen Waldlauf machen oder einen geliebten Menschen sehen, aber auch wenn wir mit einer gefährlichen Situation konfrontiert werden, reagiert unser Körper jedesmal mit Streß, beispielsweise mit beschleunigtem Herzklopfen, erhöhter Adrenalinausschüttung und anderen hormonellen Reaktionen. Sollten jedoch die Reize zu stark werden oder zu häufig auftreten, dann ist es möglich, daß unser Anpassungsmechanismus, also der im richtigen Moment in der richtigen Dosierung erfolgte Streß, versagt. Dann wird aus dem gesunden Streß krankmachender Streß.

Der Begründer der Streßforschung, Professor Hans Selye, nennt den gesunden Streß Eustreß und den falschen Streß Distreß. Die meisten Menschen haben die Fähigkeit zum richtig angepaßten Verhalten verloren. Entweder sie lehnen den Streß ängstlich ab oder sie erdulden ihn willig und sind auch noch stolz auf die Überforderung."

So ist der Jammerer. Er nimmt alles Leid auf sich, macht Gott und die Welt dafür verantwortlich - und hat keine Ahnung von der stimulierenden Wirkung, die Streß haben kann. Geistige Großtaten sind immer auch mit großem (lustvollem) Streß verbunden; sonst kämen sie nämlich gar nicht zustande.

Doch das ist nicht das einzige, was den Jammerer charakterisiert. Typisch für ihn ist auch, daß er bei zweifelhaften Personen über sich Erkundigungen einholt, zum Beispiel bei Astrologen. Ich sehe darin eine große Gefahr, denn Jammerer sind geradezu süchtig nach der Bestätigung, daß sie für ihr Schicksal nicht verantwortlich gemacht werden können. Im Falle der Astrologie delegieren sie die Verantwortung an die Sterne.

Ich habe diese These einmal in einem Kreis von potentiellen Jammerern vertreten. Mir wurde entgegengehalten: Wie kann man nur die Astrologie verurteilen, ohne sie näher zu kennen? Ich habe mir daraufhin von einem Astrologen für ein ganzes Jahr ein Erfolgsprogramm erstellen lassen. Aus den Daten sollte ich genau erkennen können, wann Erfolgs- bzw. Mißerfolgsphasen eintreten. Da es bereits April war, konnte ich anhand meines Zeitplanbuches die Prognosen für die vorangegangenen Monate leicht überprüfen. Es war niederschmetternd: Immer dann, wenn ich hätte erfolgreich sein sollen, war ich weniger erfolgreich, und immer dann, wenn der Erfolg eintrat, hatte der Astrologe das Gegenteil behauptet. Ich habe die Sache dann noch die nächsten zwei Monate weiterverfolgt. In diese Zeit fallen Ereignisse, die zu den wichtigsten meines Lebens gehören. Von einem meiner größten privaten Erfolgstage wußten die Sterne nichts; der Astrologe prophezeite einen Pechtag. Beruflich genauso: Laut Prognose hätte ich bei einer Verhandlung, die äußerst erfolgreich war, scheitern müssen.

Das Schlimme ist: Jammerer, die sich auf astrologische Weissagungen einlassen, bestätigen nicht selten die Prognosen. An vermeintlichen Erfolgstagen sind sie zwar nicht besonders erfolgreich, dafür ist ihr Scheitern an vorhergesagten Mißerfolgstagen um so eindrucksvoller. "Selbsterfüllende Prophezeiung" nennt man das. Wer ein fremdbestimmtes Leben führt, wird zum Spielball anonymer Kräfte. Vom Mittelpunkt seiner Welt ist er unendlich weit entfernt.

Jammerer gehen am Leben vorbei. Sie sind nicht fähig, Probleme zu meistern. Schließlich werden sie krank und zerbrechen an ihrem Schicksal. An ihrem selbstverschuldeten Schicksal wohlgemerkt.

Wie also können wir solchen Menschen helfen?

Zunächst einmal: Unfähigkeit ist bei einem geistig gesunden Menschen ein Zustand, der verändert werden kann. Mit verhältnismäßig einfachen Mitteln läßt sich ein bejammerter Zustand in einen gedeihlichen Zustand umwandeln. Das ist die Ausgangshypothese. Und das die Strategie, dank der Jammergestalten, die überwiegend zwischen 35 und 45 Jahre alt sind, zu respektablen Persönlichkeiten werden:

- Am Anfang steht das einfühlsame Gespräch über die Tatsache, daß jeder Zustand "verursacht" wurde und auch künftig, jetzt aber bewußt, verursacht werden kann. Schopenhauer: "Jede Situation ist beeinflußbar."

- Im nächsten Schritt wird der bejammernswerte Zustand akribisch beschrieben. Möglichst jedes Detail, das Kummer bereitet, sollte schriftlich fixiert werden, nüchtern, sachlich Punkt für Punkt, ohne Bewertung. Die erfolgt anschließend.

- Die Analyse der einzelnen Punkte zeigt fast immer, daß die Gründe für Mißerfolgserlebnisse gar nicht so zahlreich sind, wie es den Anschein hatte. Erstes Erfolgserlebnis!

- Mit Hilfe der Bestandsaufnahme werden Ziele und Vorgehensweisen erarbeitet, um endgültig dem bejammerten Zustand den Garaus zu machen. Hier bieten sich die in meinem Lehrwerk beschriebenen Energiepläne an. Auf sie werde ich im Kapitel 5 noch genau eingehen.

- Sehr wichtig ist auch die Klärung der Frage: Wer ist der ideale Partner, der den Jammerer bei der Verwirklichung seiner Pläne unterstützt? Wenn heutzutage sogar gestandene Manager einen Coach beschäftigen, dann braucht auch der Jammerer, der bis dahin weitgehend unselbständig gelebt hat, einen Paten, der ihn anfangs zuweilen an die Hand nimmt und die Richtung weist.

- Wenn der Jammerer erst einmal in seinem Bauch erlebt und in seinem Kopf erkannt hat, um wieviel erfreulicher das neue Leben ist, wird er das Erreichte auch genießen können und damit einen positiven Feedbackprozeß in Gang setzen, der ihn zu einer höheren Form des Menschseins führt.

Wenn wir andere Menschen aus ihrem Jammertal befreien wollen, dann können wir auf jeder dieser Stufen eingreifen und von Nutzen sein. Und auch für uns bietet der skizzierte Weg die Möglichkeit, das "Niveau" weiter zu erhöhen. Wie das Ziel letztendlich aussieht, muß jeder selbst entscheiden. Für mich besteht die höchste Form des Lebens darin, der menschlichen Gemeinschaft so viel konkreten Nutzen zu bieten, daß die Nutzenernte üppiges Gedeihen und Wunscherfüllung in höchster Vollendung ist und sich meine Partner darüber freuen, wenn ich möglichst lange in diesem Zustand leben kann.

Das ist die absolute Gegenposition zu der des ewigen Jammerers.

"Jammern ist ein Ausdruck von Unfähigkeit."

Frage: Sind die Deutschen Jammerlappen?

Schmidt: Wie kommen Sie darauf? Die Deutschen sind in erster Linie wohl pflichtbewußt und diszipliniert.

Frage: Im Oktober 1995 begann ein Artikel im "Spiegel" mit diesen Sätzen: "Wären Jammern und Klagen olympische Disziplinen, käme alle vier Jahre ein warmer Medaillenregen über Deutschland und die Deutschen nieder. Denn nichts macht den Bewohnern der Bundesrepublik mehr Freude als die ständige Beschwörung ihrer Nöte und Sorgen." Ist das falsch?

Schmidt: Nein, das nun auch wieder nicht. Ich bin sicher, daß wir zuviel jammern und damit unser und anderer Leute Leben vermiesen. Uns deshalb durchweg als "Jammerlappen" zu bezeichnen, ist vielleicht doch etwas des Schlechten zuviel.

Frage: Ich zitiere noch einmal den Spiegel-Artikel: "Wo doch mal ein Funken Lebensfreude im Jammertal unseres Gemüts aufglimmt, halten wir gleich erschrocken inne und fragen: Dürfen wir uns gute Laune leisten, während Millionen in der Dritten Welt hungern?"

Schmidt: Das ist natürlich zynisch. Ich denke, es gehört mittlerweile zur globalen Verantwortung, die wir alle in einer eng vernetzten Welt tragen, nicht zu vergessen, daß wir auf einer Insel der Seligen leben. Dennoch ist paradoxerweise gerade bei uns der Hang zur Wehleidigkeit weit verbreitet.

Frage: Bei den Unternehmern wohl auch. Gilt nicht auch für sie die Feststellung, noch ein Spiegel-Zitat: "Zufriedenheit ist Sache der Deutschen nicht. Sie maulen und beschweren sich, daß sie ständig zu kurz kommen und von allen übervorteilt werden"?

Schmidt: Wir wissen alle, daß Klagen zum Geschäft gehört und Teil des unternehmerischen Kalküls ist, steuerlich möglichst gut wegzukommen. Da kann deutlich zur Schau gestellte Selbstzufriedenheit nur schaden. Sorgen machen mir dagegen die vielen Menschen, die nicht in der Lage sind, ihre Arbeit und sogar ihr Glück zu genießen. Jammern ist immer ein Ausdruck von Unfähigkeit.

Frage: Unfähigkeit wozu?

Schmidt: Mit sich selbst eins zu sein. Mittelpunkt der eigenen Welt. Wenn diese Menschen in den Spiegel schauen, registrieren sie nur, daß die Haare immer grauer werden. Und mit dieser Weltsicht begegnen sie anderen Menschen, erledigen sie ihren Job - ihnen muß alles trostlos erscheinen. Da bleiben die frischen Ideen, die wir in einer gefährdeten Welt so dringend benötigen, zwangsläufig auf der Strecke. Das ist das eigentlich Schlimme.

Frage: Mit Ihrem Lehrwerk offerieren Sie Mittel und Maßnahmen, um anderen zu helfen - Sie sagen zu "dienen" -, Mittelpunkt ihrer Welt zu sein. Gibt es auch für mich Möglichkeiten, den Fängen des Selbstmitleids zu entkommen?

Schmidt: Natürlich. Ein Großteil meines Werkes beschäftigt sich mit der Selbstanalyse und der Gestaltung des persönlichen Lebensziels. Die Begabungsfindung, mit der ich mich im nächsten Kapitel beschäftige, ist ein Teil dieser Hilfe zur Selbsthilfe.

Managerprofil des Jahres 2000

Der Manager der Zukunft ist weder Spezialist noch Generalist, sondern Integralist. Er kennt die Zusammenhänge und denkt im System.

Er nimmt Rücksicht auf sein persönliches Leistungsprofil.

Er achtet auf geistige und körperliche Fitneß.

3. Kapitel

Wie ich mir helfen kann, Mittelpunkt meiner Welt zu sein

Teil 1: Begabungsfindung

So unterschiedlich wie Menschen aussehen, sind auch ihre Begabungen. Es gibt weder identische Fingerabdrücke noch identische Begabungsmuster. Jeder Mensch ist auch in dieser Hinsicht einzigartig und ein Original.

Ein Mensch gilt als begabt, wenn er Leistungen erbringt, die einem bestimmten Anspruch genügen. Psychologen gehen von der Annahme aus, daß das Niveau der Leistung von einer angeborenen Leistungsdisposition auf einem speziellen Gebiet und von Umwelteinflüssen, die die Entfaltung dieser Disposition fördern oder auch hemmen, abhängig ist.

Wenn ich meine Begabung(en) entdecken und ausbauen will, muß ich mich gründlich mit meinem ICH beschäftigen. Dieses ICH ist nichts anderes als der Mittelpunkt meiner Welt. Das heißt: Je mehr ich mich selbstkritisch mit mir selber auseinandersetze, desto leichter fällt mir der Zugang zu meinem Begabungspotential und desto erfolgreicher erobere ich schließlich "meine Welt".

Leider werden Menschen, die sich mit ihrer eigenen Entwicklung befassen, häufig als Sonderlinge abgetan. Das Vorurteil lautet: Seelisch Kranke tun so etwas beim Therapeuten, nicht aber Menschen, die "mitten" im Leben stehen. Eine gefährliche Ansicht. Denn Menschen, die über sich selbst nicht Bescheid wissen, müssen erdulden und oft auch erleiden, daß andere, vermeintlich Berufenere, ihr Schicksal bestimmen. Daß das nicht gutgehen kann, wissen wir aus der Geschichte.

Ich glaube vielmehr, daß Menschen erst dann stark und für die Gesellschaft von Wert sind, wenn sie sich durch Selbsterkenntnis entfalten können. "Selbsterkenntnis ist Gotteserkenntnis", sagt Goethe. Eine bedenkenswerte Aussage. Und in "Dichtung und Wahrheit" schreibt der große Denker: "Unsere Wünsche sind Vorgefühle der Fähigkeiten, die in uns liegen, die Vorboten desjenigen, was wir zu leisten imstande sein werden. Wir fühlen eine Sehnsucht nach dem, was wir schon im Stillen besitzen."

Daraus folgt, daß der Wunsch, etwas zu tun, etwas zu erreichen, ja etwas Großes zu schaffen, immer auch ein Hinweis darauf ist, daß in uns eine entsprechende Begabung steckt; sie wartet nur darauf, "entwickelt" zu werden. Das sollte allen, die Ideen haben, aber daran zweifeln, ob sie auch die Fähigkeit besitzen, sie umzusetzen, Mut machen. Wir vom Josef Schmidt Colleg stellen das für die Begabungsfindung notwendige Instrumentarium bereit.

Wir alle kennen die Redewendung: "Der ist falsch gewickelt." Aus unserer Perspektive müßte es heißen: "Der ist richtig gewickelt." Doch erst wenn wir wissen, in was wir verwickelt sind, sind wir in der Lage, uns zu "entwickeln". Die Grafik soll einen Eindruck von den Faktoren vermitteln, in die unser ICH "verwickelt" ist.

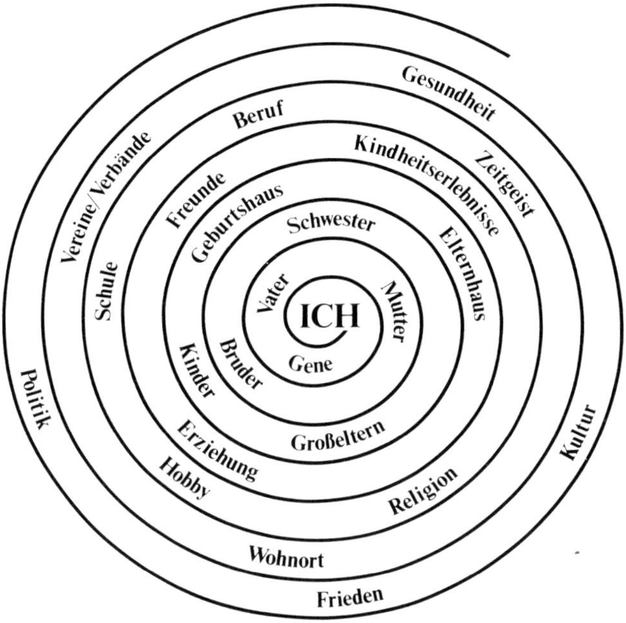

Wie können wir dieses Knäuel entwirren?

Ich möchte hier nur einen kleinen Denkanstoß mit Fragen geben, die sich für die Selbstanalyse eignen (in meinem Lehrwerk Unternehmer-Energie gehe ich darauf näher ein).

Schreiben Sie einen ausführlichen Lebenslauf und beachten Sie dabei, was Ihnen bisher in Ihrem Leben besonders gut, aber auch, was Ihnen schlecht gelungen ist!

Beschreiben Sie, wie Sie beides verkraftet bzw. verwertet haben!

Beschreiben Sie Ihren bisherigen Werdegang, bezogen auf Ihre Ausbildung!

- Erlernter Beruf
- Zur Zeit ausgeübter Beruf
- Wenn unterschiedlich, warum?
- Welche Schulen haben Sie besucht?
- Was waren Ihre Lieblingsfächer?
- In welchen Fächern waren Sie am schwächsten?
- Arbeiten Sie nach einer bestimmten Vorgehensweise oder Modell?

Allgemeine Fragen:

- Welche Hobbys haben Sie und wie intensiv betreiben Sie diese bzw. möchten Sie diese betreiben?
- Welchen Sport treiben Sie bzw. möchten Sie treiben?
- Sind Sie Raucher und möchten Sie das bleiben?
- Haben Sie schwere Krankheiten oder Allergien?
- Wieviel Alkohol trinken Sie täglich und warum?

- Haben Sie überdurchschnittlich hohe finanzielle Verpflichtungen? Warum?

Schreiben Sie auf, wie Sie diese Feststellungen verwerten wollen!

Kenntnisse und Fähigkeiten

Liste Ihrer Kenntnisse (Wissensgebiete theoretisch).
Führen Sie alle Kenntnisse auf, die Sie haben, und bewerten Sie diese rechts. Bewertung bitte ankreuzen.

	sehr gut	gut	befriedigend
a)			
b)			
c)			
d)			
e)			
f)			
g)			

Schreiben Sie nachfolgend bitte auf, zu welchem Zweck Sie sich dieses Wissensgebiet angeeignet haben.

Wie angeeignet?	Zu welchem Zweck?
zu a)	
zu b)	
zu c)	
zu d)	
zu e)	
zu f)	
zu g)	

Welche Kenntnisse wünschen Sie sich noch/zu welchem Zweck?

Kenntnisse und Fähigkeiten

Liste Ihrer Fähigkeiten (praxisbezogene Tätigkeit mit eigener Erfahrung). Führen Sie alle Fähigkeiten auf, die Sie haben, und bewerten Sie diese rechts. Bewertung bitte ankreuzen.

	sehr gut	gut	befriedigend
a)			
b)			
c)			
d)			
e)			
f)			
g)			

Schreiben Sie nachfolgend bitte auf, zu welchem Zweck Sie sich diese Fähigkeit angeeignet und was Sie damit erreicht haben.

Wie angeeignet?	Zu welchem Zweck?
zu a)	
zu b)	
zu c)	
zu d)	
zu e)	
zu f)	
zu g)	

Welche Fähigkeiten wünschen Sie sich noch/zu welchem Zweck?

Stellen Sie sich noch folgende Fragen:

- Bei der Umsetzung welcher Fähigkeiten und der Anwendung welcher Kenntnisse habe ich mich am wohlsten gefühlt?
- Was würde ich am liebsten tun, welche Erfolge hätte ich gerne?
- Bei der Umsetzung welcher Fähigkeiten und der Anwendung welcher Kenntnisse habe ich mich am wenigsten wohl gefühlt?

Schreiben Sie bitte auch auf, warum das so ist.

Mit diesen Fragen, die Ihr Können und Wissen transparent machen, sollten Sie sich so lange beschäftigen, bis Sie den Wunsch verspüren, sich privat und beruflich Ziele zu setzen. Denn Wünsche sind nicht nur, wie Goethe festgestellt hat, Vorgefühle der Fähigkeiten, die in uns liegen, sondern auch das Ergebnis einer intensiven Beschäftigung mit den Begabungsstärken.

Unverzichtbar ist: Sie müssen sich auch darüber klar werden, was Sie nicht können, wo Ihre ganz persönlichen Beschränkungen liegen. Eine meiner Losungen lautet: "Mensch, beschäftige Dich freudig mit deinen Grenzen. Täuschungen sind kein Fundament für einen Lebensplan." Wir müssen anerkennen, daß wir zwar aufgrund unserer Begabungen sehr viel, aber nicht alles können. So wie jeder einzigartige Fähigkeiten besitzt, hat er auch Grenzen, und das kann gar nicht anders sein. Ich halte es für Scharlatanerie, zu behaupten, man müsse nur gut planen und methodisch vorgehen, um alles erreichen zu können. Die damit verbundenen Enttäuschungen sind oft verheerend.

Beschäftigen wir uns also nicht nur mit unseren Stärken, sondern auch mit unseren Schwächen und Grenzen; sie machen die Begabungen erst richtig sichtbar. "Mensch, werde wesentlich!", lautet ein Sprichwort. Und Goethe hat erkannt: "In der Beschränkung zeigt sich der Meister."

Gemeint ist damit die Beschränkung auf die Begabungsstärken. Warum sollten wir auf vielen Gebieten flattern wie ein Sperling, wenn wir auf unserem Spezialgebiet fliegen können wie ein Adler?

Machen wir also das, was wir wirklich können, und werden wir zum Könner. Könner sind Menschen, die ihre Fähigkeiten so einsetzen, daß sie dadurch für den einzelnen und die Gemeinschaft bedeutend werden. Deshalb ist es wichtig, sich mit der Analyse der eigenen Begabung immer wieder zu beschäftigen, am besten zwei- oder dreimal im Jahr.

"Nutzen wir unsere besonderen Stärken und Fähigkeiten und bauen wir damit unseren Vorsprung ständig aus?" Diese Frage stelle ich meinen Seminarteilnehmern. Mich hat sie vor Verzettelungen bewahrt. Denn die Gefahr ist groß, daß wir beobachten, was andere auf ihrem Gebiet Großartiges leisten, und glauben, ihnen das nachmachen zu können; dabei verwerten sie "nur" ihre spezifische Begabung.

Machen wir das gleiche, aber im Rahmen unserer Möglichkeiten. Ermitteln wir unsere Stärken und setzen wir uns Grenzen. Konzentrieren wir uns auf Bereiche, wo wir mit unserer Begabung Nutzen bieten, der von niemandem übertroffen wird.

"Wünsche sind kein Zufall."

Frage: Glauben Sie, daß jeder Mensch eine besondere Begabung besitzt?

Schmidt: Nicht nur eine, nur wissen das viele nicht.

Frage: Es ist eine alte Streitfrage, ob Begabungen wie zum Beispiel hohe Intelligenz anlage- oder umweltbedingt sind. Was meinen Sie?

Schmidt: Begabungen treten immer dann besonders augenfällig in Erscheinung, wenn Anlagen, die zweifellos in unserem Erbgut verankert sind, durch ein geeignetes Milieu gefördert werden. Wir selbst können aber viel dazu beitragen, daß sich unsere Begabungen entfalten.

Frage: Wie?

Schmidt: Goethe hat so schön gesagt, daß Wünsche die Vorgefühle der in uns verborgenen Fähigkeiten sind. Wir sollten uns also mehr mit unseren Wünschen beschäftigen und sie ernst nehmen.

Frage: Sie meinen, daß Wünsche uns darüber Auskunft geben können, welche Begabungen in uns schlummern?

Schmidt: Genau. Wünsche sind kein Zufall, dahinter steckt immer die Dynamik einer Begabung, die nach Entfaltung drängt.

Frage: Eine sympathische Theorie.

Schmidt: Das ist aber nur eine Möglichkeit, sich

den Begabungen zu nähern. Die andere besteht darin, daß wir uns ohne Wenn und Aber über unsere Kenntnisse und Fähigkeiten, Stärken und Schwächen Rechenschaft ablegen. Geeignete Checklisten gibt es in meinem Lehrwerk. Wer über die Selbstanalyse zur Selbsterkenntnis gelangt, entwickelt nicht selten eine völlig neue Lebensperspektive. Er lernt, seine Begabungen zu seinem und anderer Menschen Gedeihen zu nutzen.

Frage: Es gibt also zwei Möglichkeiten der Begabungsfindung: Erstens in sich hineinzuhorchen und zu erahnen, was uns unsere Wünsche mitteilen wollen - ein quasi meditativer Weg. Zweitens den streng rationalen Weg der schonungslosen Selbstanalyse?

Schmidt: Ja, beides geht Hand in Hand und führt zum selben Ziel: nämlich unser Begabungspotential neu zu strukturieren.

Frage: Wobei die Begabung für den Beruf ein Sonderfall ist: Selbst wenn die Berufseignung zu einem großen Teil auf natürlichen Gaben beruht, muß sie auf speziellen Wegen erworben werden. Dazu zählt zum Beispiel der Erwerb einschlägiger Qualifikationen. Die sind ja schließlich nicht angeboren.

Schmidt: Das ist richtig. Hinzu kommt: Wer die Berufsausbildung erfolgreich durchlaufen hat, besitzt nicht automatisch auch die Eignung für den betreffenden Beruf, sondern zunächst nur eine Art Anfängereignung. Er muß sich bewähren...

Frage: ...im Wechselspiel von Herausforderung durch die Aufgabe und einem Input, der das Talent für die Aufgabe erkennen läßt?

Schmidt: Richtig. Nicht vergessen dürfen wir auch die Förderung, die dem Betreffenden hoffentlich durch den Vorgesetzten, aber auch durch die Eltern und Freunde zuteil wird.

Frage: Beweist das nicht, daß die Dynamik der Begabung überwiegend von Umweltfaktoren abhängig ist?

Schmidt: Sicherlich hat im Wirtschaftsleben nicht jeder Erfolg, der dank seiner Begabung anderen Menschen Nutzen bieten kann. Ich denke dabei nur an Erfinder, die gescheitert sind, weil sie nicht kaufmännisch denken konnten...

Frage: ...und sich auch sonst im Umgang ungeschickt verhielten.

Schmidt: Natürlich. Die vielbeschworene soziale Kompetenz ist eine im Berufsleben ganz entscheidende Begabung. Selbst ein Fachgenie, das nicht teamfähig ist, hat kaum Erfolgschancen. Dennoch setzen sich viele Begabte, deren Befähigung sich in ihren Wünschen und Sehnsüchten geäußert hat, allen Widrigkeiten zum Trotz durch, wenn auch nicht unbedingt in der Wirtschaft.

Frage: Das sind dann die Künstler und Freiberufler, die vor sich hin darben. Die Tragödie ist, daß in unserer Gesellschaft, die oft unter dem Diktat des Geldes und des Marktes steht, viele Hochbegabte auf der Strecke bleiben, weil sie mit ihrer Art zu denken und zu handeln nicht "anschlußfähig" sind, soll heißen, sie können sich nicht "verkaufen". Für sie ist kein Platz.

Schmidt: Ich finde auch, daß die verkopfte Industriegesellschaft ihre "Narren" pflegen sollte. Dennoch bleibe ich dabei, daß jeder von uns innerhalb gegebener Grenzen seine Begabungen ausleben kann und auch muß, auch auf die Gefahr hin, als "Spinner" zu gelten. Ich zum Beispiel - ein gewiß harmloser Fall - züchte nebenbei Rinder. Es gibt Leute, die halten das für verrückt. Wenn wir unsere Begabungen nicht ans Licht holen und uns unsere Wünsche unter der Mindestvoraussetzung, niemanden zu schädigen, nicht erfüllen, dann bleibt uns oft keine andere Wahl, als ein destruktiver Geist und darüber hinaus irgendwann krank zu werden. Begabte Menschen können eigentlich nur zwei Fehler begehen: "Zu wünschen, ohne zu handeln" und "zu handeln ohne Ziel".

Managerprofil des Jahres 2000

Der Manager der Zukunft bevorzugt flache Organisationsstrukturen.

Er wendet zunehmend Datenverarbeitung mit komplexer Software an.

Er ist aufgeschlossen für die Probleme seiner Mitarbeiter.

4. Kapitel

Wie ich mir helfen kann, Mittelpunkt meiner Welt zu sein

Teil 2: Zielplanung

Unsere Gedanken und Ziele von heute sind die Erfolge von morgen.

Leider kennen viele Menschen diese Lebensweisheit nicht. Nur wenige wollen ihr Leben aktiv gestalten, und weil sie es wirklich wünschen, werden sie ihre Ziele auch erreichen. Die meisten jedoch trauen sich nicht zu, etwas aus eigener Kraft bewegen zu können; sie verschleudern ihre Begabung und werden immer unzufrieden sein.

Es lassen sich also grob zwei Menschentypen unterscheiden: Der erste Typ ist zukunftsorientiert. Der zweite Typ ist das zwar irgendwie auch, aber doch mehr der Bequemlichkeit zugewandt; er wünscht sich ein ruhiges Leben, ohne jedoch jemals die Chance zu haben, es auch wirklich frohen Herzens genießen zu können. Bequemlichkeit ist nämlich kein Ziel, sondern die angenehme Begleiterscheinung erfolgreicher Zielerfüllung.

Ich wende mich vor allem an den Menschentyp, der im persönlichen wie im beruflichen Bereich sein Leben selbst in die Hand nimmt. Fünf Fragen möchte ich diskutieren (und vielleicht überzeuge ich damit auch diejenigen, die ihr Glück in der Bequemlichkeit zu finden glauben):

1. Warum sind Ziele wichtig? Lebt man ohne Ziele nicht wesentlich geruhsamer?
2. Was bedeutet es, persönliche Ziele und sogar ein Lebensziel zu haben?
3. Was bedeutet es, berufliche oder unternehmerische Ziele zu haben?

4. Sind Kurskorrekturen sinnvoll?
5. Ist der Sinn des Lebens ein ständiger Ansporn und die Grundlage von Erfolg, Gesundheit und Freude?

Warum sind Ziele wichtig? Lebt man ohne Ziele nicht wesentlich geruhsamer?

Das vorige Kapitel habe ich mit der Feststellung beendet, daß der begabte Mensch nur zwei Fehler machen kann, nämlich zu wünschen, ohne zu handeln, und zu handeln ohne Ziel. Warum sind das Fehler?

Kann es nicht sein, daß viele Menschen ihr Leben geradezu wegwerfen, nur weil sie keine Ziele haben?

Kann es nicht sein, daß die Gesellschaft gerade jungen Menschen viel zu drastisch demonstriert, was im Leben alles nicht machbar ist?

Kann es nicht sein, daß sich durch ständige Frustration die "Null Bock"-Mentalität entwickelt hat?

Kann es nicht sein, daß in den Schulen nicht gelehrt wird, daß der Mensch nicht Knecht, sondern Souverän seiner Zeit und seiner Zukunft ist?

Kann es nicht sein, daß durch diese pessimistische Sicht psychische und physische Krankheiten entstehen?

Kann es nicht sein, daß deshalb auch der Drogenkonsum so teuflisch anwächst und die sozialen Randgruppen immer größer werden?

Kann es nicht also sein, daß immer mehr Menschen durch zielloses Dahinleben nach dem Sinn des Daseins gar nicht erst fragen und damit der Gesellschaft nicht nur verlorengehen, sondern ihr auch zur Last fallen?

Ja, das alles kann sein. Wenn Bequemlichkeit bedeutet, der Leistung möglichst aus dem Weg zu gehen, dann ist die Antwort auf die Frage "Lebt man ohne Ziele nicht wesentlich geruhsamer?" ein klares Nein.

Denn in der Regel verläuft das Leben von Menschen, die Ziele haben, in geordneten Bahnen. Nun haben zwar alle Menschen Ziele, wenn auch unbewußt, und die sind nicht immer positiv zu bewerten. Alkoholiker wollen Schnaps, Junkies ihren Stoff, und mancher Manager und Politiker will nur die Macht.

Alle haben Ziele, Antriebe, die im Unterbewußtsein verankert sind und das Verhalten steuern. Doch sind wir diesen Impulsen nicht hilflos ausgeliefert. Wir können über unser Bewußtsein das Unterbewußte günstig beeinflussen, indem wir unsere Gedanken "pflegen". Das heißt: Wir müssen mit Vorsatz positive Ziele anstreben.

Das charakterisiert den bewußten, selbstreflektierten Menschen: Er betrachtet seine Lebenssituation nicht als unabänderlich, fühlt sich nicht dem Schicksal ausgeliefert und geht nicht den Weg der Bequemlichkeit, der sich in der Wirklichkeit meist als höchst unbequem erweist. Er entscheidet sich für den Weg zum Mittelpunkt seiner Welt.

Was bedeutet es, persönliche Ziele und sogar ein Lebensziel zu haben?

Es ist erwiesen, daß uns nur 20 Prozent unserer Antriebe bewußt sind, der große Rest bleibt unbewußt. Es ist aber auch erwiesen, daß wir mit unserem Bewußtsein das Unbewußte programmieren können; auf positive Gedanken reagiert das Unterbewußtsein der Tendenz nach positiv.

Es reicht aber nicht aus, einfach nur positiv zu denken; dann würden wir uns zu sehr im Bereich der Philosophie bewegen. Wir brauchen auch Arbeitsmittel und Arbeitstechniken und zwar aus zwei Gründen:

- Wir brauchen die Philosophie, um den Sinn und Wert unseres Tuns immer wieder neu zu überdenken.
- Wir brauchen Mittel, Techniken und Analyseinstrumente, um mit unserer Umwelt konfliktarm kommunizieren zu können (im Unternehmen mit unseren Mitarbeitern) und den Bezug zur Realität nicht zu verlieren.

Wenn die Ziele positiv gepolt sind, dann wird der Prozeß, den wir in Gang setzen, erfolgreich verlaufen. Wenn wir jedoch die positiven Gedanken und die Arbeitsmittel vernachlässigen, werden wir sehr bald schon nicht das erreichen, was wir uns vorgenommen haben.

"Wer glaubt, schon ganz oben zu sein, ist schon auf dem Weg nach unten", sagt der Sänger Placido Domingo.

Man kann es auch so ausdrücken: "Wer aufhört,

besser zu werden, hört bald auf, gut zu sein." Wir müssen deshalb an beidem arbeiten: an unserer Philosophie und an den Methoden, mit denen wir sie umsetzen.

Noch eine Anmerkung zum Thema Konzentration. Wie oft fordern wir nicht andere auf, insbesondere unsere Kinder, sich stärker zu konzentrieren? Die Frage ist nur: Worauf konzentrieren?

Der Mensch benötigt etwas, auf das er sich konzentrieren kann, und zwar mit Freude. Deshalb gilt der Satz: "Gut vorbereitete Zielfindung ist bewußt ausgelöste Konzentration." Und das heißt auch hier: Wir müssen positive Gedanken und positive Ziele haben, wenn wir in Zukunft (konzentriert) erfolgreich sein wollen. Denn merke: Die Qualität unserer Ziele bestimmt die Qualität unserer Zukunft.

Die Frage "Was bedeutet es, persönliche Ziele zu haben?" ist damit beantwortet: Gute Ziele weisen uns den richtigen Weg.

Und was ist mit dem persönlichen Lebensziel? Es ist das Ziel der reifen Persönlichkeit, dem sich alle anderen Ziele unterordnen. Wenn wir nur Wünsche für heute und morgen, also nur Nahziele haben, dann ist es schwierig, jemals das Fernziel unseres Lebens zu erreichen. Aber kurz- und mittelfristige Ziele sind noch allemal besser als gar keine Ziele. Packen wir es also an. Das Lebensziel wird sich dabei allmählich herauskristallisieren.

Was bedeutet es, berufliche oder unternehmerische Ziele zu haben?

Ich beginne mit dem Auszug aus dem Artikel eines Managers, der in einem Wirtschaftsmagazin schrieb:

"Die Aufgabe hätte verlockender nicht sein können. Der Autor sollte als verantwortlicher Manager ein vielversprechendes Kohleveredlungsverfahren, das sich noch im Entwicklungsstadium befand, in ein gewinnbringendes Geschäft verwandeln. Ganz in Anspruch genommen von dem Problem, eine tragfähige Strategie zu finden und umzusetzen, kümmerte er sich allerdings so wenig um die Mitarbeiter, daß er die aufbrechenden Spannungen in der Belegschaft nicht mehr rechtzeitig erkannte: Zwischen Technikern und Kaufleuten tobte ein Kalter Krieg, der die erfolgreiche Kommerzialisierung des Projektes aufs Spiel setzte. Erst nachdem Sabotageakte das Pilotwerk lahmzulegen drohten, ging dem Manager auf, daß er seinen Führungsstil ändern müsse."

Das Beispiel zeigt: Hier hatte einer ein unternehmerisches Ziel vor Augen, das er in einem Kraftakt verwirklichen wollte - und dabei wäre er fast gescheitert.

Für die beruflichen und unternehmerischen Ziele gilt das gleiche wie für die persönlichen: Wir müssen sie uns Zug um Zug erarbeiten. In den Unternehmen wird jedoch leider oft allzu mechanisch vorgegangen; wer die Grundzüge strategischer Planung kennengelernt hat, glaubt oft, er brauche sie nur wie eine beliebige

Technik anzuwenden, um damit alles zu erreichen. Ein oft folgenreicher Fehler.

Strategien, die stur auf materielle Ziele ausgerichtet sind, führen in die Irre, denn hinter dem Materiellen steht der Mensch. Wer unter strategischer Planung versteht, ohne Rücksicht auf das soziale System des Unternehmens Erfolge erzielen zu können, tappt in eine Falle. Das belegt auch das geschilderte Beispiel.

Wir brauchen langfristig große, umfangreiche Ziele. Die operativen Ziele, an denen wir täglich arbeiten, dürfen jedoch nicht zu großen Sprüngen werden; wir müssen im operativen Bereich behutsam Schritt für Schritt voranschreiten, und zwar gemeinsam mit den betroffenen Mitarbeitern in einem auch ihnen angemessenen Tempo.

Wir brauchen zupackendes Handeln; wir brauchen aber auch die Selbstreflexion. Nur so haben wir die Möglichkeit, Schwachpunkte bei der Zielerreichung zu erkennen und Beschwerden bezüglich unserer Leistungen gebührend zu beachten. Beschwerden sind nicht negativ, lästig und unangenehm. Sie sind eine unverzichtbare Hilfe auf dem Weg zu tragfähigen, kundenorientierten Problemlösungen. Ein gut funktionierendes Beschwerdemanagement zum Beispiel ist der Garant dafür, daß wir unsere unternehmerischen Ziele auch tatsächlich erreichen. Es kann seine Wirkung aber nur dann entfalten, wenn alle im Unternehmen dabei mitmachen. In meinem Lehrwerk stelle ich die notwendigen Instrumente zur Verfügung. Die nach innen gerichtete Schwachstellenanalyse und die am Kunden orientierten Monatsberichte des Außendienstes.

Sind Kurskorrekturen sinnvoll?

Natürlich sind sie das, und zwar immer dann, wenn uns unsere Ziele nicht mehr motivieren und die Arbeit zur Qual wird. Dann müssen wir uns fragen, was an den Zielen "faul" ist.

Eine der stärksten Motivatoren ist die Hoffnung. Worauf können wir unsere Hoffnung bauen? Auf Ziele, die durch Wünsche verursacht wurden. Wenn wir Wünsche zu Zielen gemacht haben, sind die Chancen groß, sie zu verwirklichen; dann spornt uns die Hoffnung an. Ich nenne sie "kraftspendende Ziele".

Fragen wir also wenn wir bei unserer Arbeit in die Krise geraten, nach den Gründen, weshalb die Energie, die von unseren Zielen ausgehen muß, nachläßt. Ich habe eine kleine Liste über den Wert von Zielen zusammengestellt; sie erleichtert die Beantwortung der Frage, ob eine Kurskorrektur sinnvoll ist.

- Ziele haben heißt Leben gestalten;
- Ziele haben heißt Initiativen entwickeln;
- Ziele haben heißt Vorhandenes einbeziehen;
- Ziele haben heißt Kräfte freisetzen;
- Ziele haben heißt Wünsche Realität werden lassen;
- Ziele haben heißt Vertrauen entwickeln bei Kunden, Mitarbeitern, Banken, Behörden und in der eigenen Familie;

- Ziele haben heißt Konzentration verursachen.

Wenn unsere Ziele diese Kriterien nicht erfüllen, sind wir auf Abwege geraten. Dann wird es höchste Zeit, die Planung von Grund auf neu zu überdenken.

Ist der Sinn des Lebens ein ständiger Ansporn und die Grundlage von Erfolg, Gesundheit und Freude?

Ich denke, daß wir auf dem richtigen Weg sind, wenn wir uns an den obengenannten Punkten orientieren. Doch etwas muß noch hinzutreten: der persönliche Mut und die Entschlossenheit, wirklich etwas bewegen zu wollen. Pater Albert Ziegler hat den Sachverhalt zu drei Forderungen zusammengefaßt:

- Habt nicht unnötige Ängste, traut Euch vielmehr allerhand zu.

- Setzt Euch ein, aber so, daß Ihr versucht, das Beste daraus zu machen.

- Fragt nicht wehleidig, was der Sinn des Lebens ist. Fangt vielmehr selbst an, Eurem Leben Sinn zu geben und auch anderen Sinn zu stiften.

Die Sinnfrage ist die alles dominierende Frage; sie sollte es zumindest sein. Aber wir stellen sie viel zu selten - weder in Zeiten der Muße und schon gar nicht im beruflichen Alltag. Dabei ist "Sinn zu stiften" auch ein recht handfester ökonomischer Faktor. Nur "sinnvolle" Dinge werden in einer Welt, die ökologisch immer mehr in die Zwickmühle gerät, auf Dauer eine Lebenschance haben. Und das Erfreuliche daran ist auch: Je mehr es mir gelingt, auch unter ökologischen Gesichtspunkten Nutzen zu bieten, desto sinnvoller ist meine Arbeit. Frei nach Schopenhauer könnte man sagen: "Stifte Sinn für andere, und Dein Leben hat Sinn."

Wenn wir uns das bewußt machen, können wir aus der Arbeit, die wir für andere leisten, selber ein Übermaß an Kraft und Freude gewinnen. Der Sinn, den wir durch unsere Arbeit anderen stiften, wirkt auf uns zurück, weil es uns zu wertvollen, einzigartigen Mitgliedern der Gesellschaft macht. Er macht uns zum Mittelpunkt unserer Welt.

Ich muß in diesem Zusammenhang doch noch etwas näher auf das Lebensziel eingehen. Ich habe gesagt, das Lebensziel sei das Ziel der reifen Persönlichkeit, dem sich alle anderen Ziele unterordnen, das heißt auch die beruflichen oder unternehmerischen Ziele; denn das Lebensziel ist am engsten mit der Frage nach dem Sinn verquickt.

Doch wie findet man sein Lebensziel?

Die folgenden Überlegungen können dabei helfen:

1. Unser Tun und Handeln muß unseren Begabungen entsprechen; wir müssen tun, was wir gerne tun, und wir tun meist gerne, was wir gut können. Jeder Mensch hat bestimmte, oft einmalige Begabungen; sie sind sein einzigarti-

ges Erfolgspotential (wie wir das erschließen können, habe ich im vorigen Kapitel erläutert). Wenn jemand seine Begabungen kennt und erklärt, es sei ihm egal, womit er sein Geld verdient, dann sollten wir ihn ein wenig mit Mitleid "strafen", weil er seine Begabung, Nutzen zu bieten und damit Sinn zu stiften, einfach verschleudert - auch zu seinem Schaden.

2. Erst wenn wir unsere Begabungen kennen, sind wir in der Lage, uns Ziele zu setzen. Wir müssen lernen, zielorientiert zu denken. Nur dann beherrschen wir auch die große Kunst des Verwertens. Das kommt besonders schön in dem Satz zum Ausdruck: "Ich denke, daß ich bin, wie ich denke; drum wird mir das Denken zum Schicksal."

3. Deshalb ist es von allergrößter Bedeutung, daß hinter dem Lebensziel ein echter Wunsch steckt. Denn nur der Wunsch setzt Energien frei, den langen Atem, den ich benötige, um das Fernziel des Lebens zu verwirklichen. Die Frage, um die sich alles dreht: Was möchte ich in meinem Leben, vielleicht sogar in einem ganz bestimmten Alter erreicht haben? Allein die Beantwortung der Frage "Was will ich in einem bestimmten Alter privat und unternehmerisch erreicht haben?" entfacht die Kreativität; wenn wir wirklich ein Bedürfnis nach Selbstverwirklichung (um diesen Modebegriff einmal zu verwenden) haben, dann wird uns die Antwort nicht schwerfallen.

Die Ausgangssituation für das Lebensziel besteht immer in dem Wunsch, ja der Kunst, einzelnen Menschen wie auch der Gemeinschaft Werte zu bieten. Jeder sollte sich die Zeit nehmen, den Nutzen, den er im privaten Bereich sowie mit seinen Produkten und Dienstleistungen dem Kunden bietet, schriftlich aufzulisten. Dabei werden Schwachstellen sichtbar und positive Punkte, die ihn in seinem Weg bestärken.

Mindestens einmal im Jahr sollte das Lebensziel neu überdacht werden. Auch gilt es zu klären, welche Bestandteile des Lebensziels in die nächsten lang-, mittel- und kurzfristigen Zielpläne aufgenommen werden, um dann über eine vernünftige Zeitplanung realisiert zu werden.

Mit einigen Fragen zum persönlichen und beruflichen Lebensziel will ich dieses Kapitel beschließen:

- Was möchte ich in meinem Leben erreichen?
- Welche immateriellen Werte (Sicherheit, Geborgenheit, Anerkennung, Ruhm, Ehre) sind mir wichtig?
- Was möchte ich für meine Familie (Freunde, Vereine, Partei) erreichen?
- Welchen Nutzen möchte ich ganz allgemein der Gemeinschaft bieten?
- Wie steht es um mein Können und Wissen, um diese Ziele zu erreichen? Welche Defizite an Können, Wissen und Bildung habe ich?
- Welches Einkommen (Vermögen, Besitz) strebe ich an?
- Mit welchen Leistungen möchte ich mich in der Öffentlichkeit profilieren?

- Welche beruflichen/unternehmerischen Ziele strebe ich an?
- In welchem Zustand befindet sich mein Unternehmen (die Firma, für die ich arbeite)?
- Welche materiellen Ziele für mein Unternehmen (Gewinne, Zuwachsraten) strebe ich an?
- Wie sorge ich für Kontinuität in der Unternehmensentwicklung?
- Welches Know-how habe ich, welches fehlt mir?
- Wie ist mein Image (mein Ruf) zuhause, im Unternehmen, in der Öffentlichkeit?
- Bin ich verläßlich, zeitlich souverän?
- Bin ich gesund?

Dieses Buch handelt davon, wie ich mir bzw. anderen helfen kann, Mittelpunkt meiner bzw. ihrer Welt zu sein. Wer diesen Fragenkatalog aufrichtig beantwortet, ist bereits auf dem Weg dorthin.

"Ziele müssen Begeisterung auslösen."

Frage: Sind Menschen, die ohne Ziele leben, wertlos?

Schmidt: Es gibt keine wertlosen Menschen.

Frage: Aber ziellose?

Schmidt: Ja, viele sogar. Es ist für mich immer wieder traurig zu beobachten, wenn begabte Menschen ihr Talent verschleudern, weil sie keine Ziele haben - keine kurzfristigen, keine mittelfristigen und schon gar nicht ein Lebensziel.

Frage: Warum ist es so wichtig, Ziele zu haben?

Schmidt: Ich will mit Christian Morgenstern antworten: "Wer das Ziel nicht kennt, wird den Weg nicht finden." Das heißt: Ohne Ziele können wir die Zukunft nicht gestalten. Wir sollten uns die Mühe machen, etwas länger über folgenden Satz nachzudenken: "Leben können wir nur in der Gegenwart und zwar von Leistungen der Vergangenheit, die wir erdacht und geplant haben, als die Gegenwart noch Zukunft war." Wenn uns in unserem augenblicklichen Leben etwas nicht paßt, bedeutet das, daß wir in der Vergangenheit zu wenig an die Zukunft gedacht haben. Und was folgt daraus?

Frage: Daß wir uns ab sofort mehr mit der Zukunft beschäftigen?

Schmidt: Richtig. Und wie gelingt uns das am besten?

Frage: Indem wir anfangen zu planen...

Schmidt: ...und uns Ziele zu setzen. Wer aus Freude am Leben und aus den Erfahrungen der Vergangenheit Ziele entwickelt, die Gegenwart zur Planung und zum wirklichen Leben nutzt, kann guten Mutes in die Zukunft sehen. Wer mit der Vergangenheit hadert und vor der Zukunft Angst hat, nutzt die Gegenwart zuwenig. Die Vergangenheit kann man analysieren, aber nicht mehr verändern. Die Zukunft kann man kaum oder auch gar nicht analysieren, aber sehr wohl gestalten. Wenn wir vom Josef Schmidt Colleg erklären, wir wollten anderen Menschen helfen, ja sogar dienen, Mittelpunkt ihrer Welt zu sein, dann ist damit vor allem gemeint: Wir wollen ihnen helfen, die Zukunft zu gestalten.

Frage: Gilt das auch für das Privatleben? Daß wir, um ein Unternehmen erfolgreich zu führen, Ziele setzen müssen, leuchtet ein. Muß ich aber auch die Familie mit verplanen?

Schmidt: Grundlage für ein erfolgreiches Leben ist nun mal die konsequente Lebensplanung. Berufs- und Privatleben sind aufs engste miteinander verquickt. Die Lebensplanung ist eine Voraussetzung für die erfolgreiche Führung eines Unternehmens, unabhängig davon, ob es das eigene ist, das man leitet, oder ob man als Manager in einem fremden Unternehmen tätig ist. Die Art und Weise, wie ich den Beruf bewältige, beeinflußt auch meine Privatsphäre. Wenn ich vernünftig plane, kann ich die beiden Bereiche unmöglich trennen. Und warum sollte ich mir nicht auch im Privatleben Ziele setzen? Es gibt doch kein schöneres Erfolgserlebnis, als ein hochgestecktes Ziel zu erreichen. Ich gehe sogar so weit zu behaupten, daß erst Planung Freude in unser Dasein bringt.

Frage: Und dabei spielt das Lebensziel die ausschlaggebende Rolle?

Schmidt: In letzter Konsequenz, ja. Es ist sinnvoll, sich am Beginn einer Planung zunächst mit sich selbst zu beschäftigen, mit der eigenen Persönlichkeit, dem Produkt aus Erbgut, Erziehung, Prägungen und Verwundungen durch Vater, Mutter, Geschwister, Lehrer, Partner, Chefs und dem Zeitgeist. Dieses Knäuel aus lebensbestimmenden Faktoren gilt es zu entwirren und zu einem stimmigen Gewebe neu zu ordnen und daraus ein Lebensziel abzuleiten.

Frage: Es geht also erst einmal ans Eingemachte?

Schmidt: Die Selbstanalyse ist zuweilen schmerzvoll, aber sie zahlt sich aus. Denn ist das Lebensziel erst einmal fixiert, fällt alles weitere eher leicht. Zunächst werden aus dem Lebensziel die persönlichen mittelfristigen Ziele abgeleitet, zum Beispiel in Sieben-Jahres-Schritten. Dann folgen die Unternehmensziele. Das mittelfristige Lebensziel bildet die Grundlage für den Jahreszielplan. Der wird nach der Devise in Angriff genommen: "Das nächste Ziel mit Lust, Freude und aller Kraft zu verfolgen, ist der einzige Weg, das fernste Ziel zu erreichen."

Frage: Und so ist es möglich, auch Utopien Wirklichkeit werden zu lassen?

Schmidt: Richtig. Die Strategie ist ganz einfach, da braucht niemand zu verzagen. Das globale Lebensziel wird in operative Ziele unterteilt und über Monats- und Tagespläne mit Hilfe des Tagesplanbuchs realisiert. Da bleibt kein Lebensbereich ausgeklammert: Beruf, Familie, Freizeit, Freunde, Hobby, Daseinssicherung, Weiterbildung, Gesundheit, Erholen - das und noch mehr steht zur Vervollkommnung an.

Frage: Sein Leben einer so grundlegenden Revision zu unterziehen, scheint aber doch nicht so ganz einfach zu sein.

Schmidt: Selbstverständlich brauchen wir dafür geeignete Arbeitsmittel. Die stellen wir zur Verfügung: Checklisten, Energiepläne, das CollegTiming-Zeitplanbuch.

Frage: Und damit gelingt es, das Leben zu verändern?

Schmidt: Hinzu kommt die Sogwirkung, die von einem sorgfältig aufbereiteten Ziel ausgeht. Solche Ziele entwickeln eine Eigendynamik, der wir uns ab einem bestimmten Punkt nicht mehr entziehen können. Das ist immer wieder ein Phänomen. Ich spreche deshalb ja auch von "kraftspendenden Zielen".

Frage: Ziele müssen Spaß machen?

Schmidt: Sie müssen Begeisterung auslösen. Was immer wir unternehmen - wir müssen uns fragen, ob wir uns das Ziel wirklich wünschen, ob es uns Freude macht, an dem Ziel zu arbeiten. Wenn wir diese Fragen nicht bejahen können, müssen wir das Ziel neu überdenken. Von unseren Zielen muß eine Faszination ausgehen. Und wenn wir dabei methodisch sauber vorgehen, ist das auch der Fall.

Managerprofil des Jahres 2000

Der Manager der Zukunft strahlt auf seine Mitarbeiter Würde und Menschlichkeit aus und begeistert durch die Art seiner Führung.

Er motiviert und befähigt seine Mitarbeiter für Veränderungen.

Er wirkt als Katalysator bei Konflikten.

5. Kapitel

Wie ich meine Ziele verwirkliche: Energieplan und Zeitplanbuch

Planung - Das ist ein zielorientiertes Vorgehen, das eine im Ziel festgelegte Wirkung hat.

Planung - Das ist die Vorwegnahme von Handlungen bei unvollkommener Information.

Planung - Das ist die Reduktion von Komplexität und Unsicherheit unter erschwerten Bedingungen.

Auf jeden Fall ist Planung noch ein relativ junges Forschungsgebiet der Management- und Betriebswirtschaftslehre und kein besonders beliebtes. Wegen der vielen negativen Assoziationen, die sich mit staatlicher und bürokratischer Planung verbinden, wird Planung häufig noch als Schreckgespenst inkompetenter, Freiheit einschränkender Wirtschaftssteuerung angesehen.

Diese Auffassung prägt auch die Einstellung der Manager, vor allem gegenüber langfristiger Planung. Die meisten Klein- und Mittelbetriebe in Deutschland verzichten auf Planung, und Großbetriebe (über 1000 Beschäftigte) stellen Pläne zumeist nur mit einer Laufzeit von einem Jahr auf; langfristige Pläne (ab 5 Jahren) werden nur von einem Drittel der Großunternehmen formuliert. Als Grund wird häufig genannt: Der Prozeß der Planerstellung und -revision sei viel zu zeitaufwendig und kostspielig. Das jedoch ist ein Irrtum.

Ich bin davon überzeugt, daß jeder Mensch - also nicht nur der Unternehmer, sondern auch der Privatmann - mit meinem Modell der "Energieplanung" auf einfache Weise selbst hochgesteckte Ziele erreichen kann. Ich nenne diese Art der Planung Energieplanung, weil der Planende aus ihr Ideen und Energien schöpft.

Was ist daran so besonders? Das Modell verlangt bei jedem Problem die exakte Beschreibung der Schwierigkeiten, zugleich aber auch die genaue Fixierung des Zustandes, der bei idealer Verwirklichung eintreten würde. Denn vom Idealziel (einer Vision) geht eine stärkere Anziehungskraft aus als von dem schlichten Wunsch, das Problem aus der Welt zu schaffen. Ich zitiere aus meinem Lehrwerk:

"Beschreiben Sie Ihr Ziel genau und bis ins Detail. Formulieren Sie ein Zielszenario als Idealzustand. Damit ist der erste Schritt getan. Sie erhalten so ein verlockendes Leitmotiv, das Sie im täglichen Leben motivieren wird, mit Begeisterung alles in Ihrer Macht Stehende zu tun, um dieses Ziel zu erreichen.

Sie werden, wenn Sie das Ziel richtig beschrieben haben, den Wunsch verspüren, Ihr Können zu steigern und Ihre Kenntnisse ständig zu erweitern und zu trainieren. Das gibt Ihnen die Kraft, die Sie brauchen. Wenn Sie das zum ersten Mal ausprobieren, werden Sie erkennen, welches Durchstehvermögen Sie haben. Ihr Einsatz wird Ihnen wie eine Mission vorkommen. Und wer Neues und Großes erreichen will, muß missionieren können."

Noch einmal der Reihe nach. Den Anfang der Energieplanung bildet die Beschreibung des Planungsvorhabens (kurz und knapp). Im nächsten Schritt wird der Problemzustand (Ist-

Zustand) beschrieben, und zwar in aller Ausführlichkeit. Dann folgt die Darstellung des Zielszenarios als Idealzustand. Was dann noch fehlt, sind die Wege, Mittel und Maßnahmen, um vom Ist zum Soll zu gelangen. Zwei Fragen müssen akribisch beantwortet werden: Welche Mittel benötige ich, um mein Planungsvorhaben zu realisieren und mein Ziel zu erreichen? Welche Maßnahmen muß ich einleiten, um mein Planungsvorhaben zu realisieren und mein Ziel zu erreichen? Für das alles gibt es spezielle Formulare.

Auffällig ist, daß sich viele Menschen nach der Erstellung des ersten Energieplans wie selbstverständlich fragen, in welchen Bereichen sie künftig außerdem noch planen sollten. Das spricht für die motivierende Kraft, die von der Energieplanung ausgeht; sie erweist sich als eine fast spielerische Methode zur Lösung auch schwerwiegender Probleme. Sie ist ein Modell für "gehirngerechtes Denken".

Nun wird gerne eingewandt: "Oft müssen Entscheidungen schnell getroffen werden. Wie ist das möglich, wenn ich mit dem Problemzustand und dem Zielszenario beginnen, beides aufschreiben und zu allem Überfluß auch noch Mittel und Maßnahmen sammeln muß? Bis ich das erledigt habe, ist es für die Entscheidung zu spät."

Meine Antwort: Spontanentscheidungen sind höchst selten notwendig und oft nur Ergebnis mangelhafter Planung, und wenn sie doch einmal getroffen werden müssen, hilft die Planung dabei, daß sie in einem übergreifenden Kontext erfolgen, also in die richtige Richtung zielen.

Auch wird eingewandt: "Geplant habe ich schon immer und alle wichtigen Kriterien einkalkuliert. Die Pläne waren gut, aber es wurde nichts aus ihnen."

Ich höre das sogar von Menschen, die wirklich etwas von Planung verstehen, und ich habe mich überzeugt, daß die Pläne in Ordnung waren. Woran sind diese Leute gescheitert?

Meine Antwort: an mangelnder Konsequenz und Disziplin.

Die Konsequenz und Disziplin der Planerfüllung darf jedoch keine Überwindung kosten; die notwendige Energie muß aus dem Aufforderungscharakter des Ziels resultieren (deshalb ja "Energieplanung").

Der Generaldirektor von General Electric hat auf die Frage, ob seine großen Erfolge auf gute und umfangreiche Planungen zurückzuführen seien, geantwortet: "Nein, an der Planung liegt es nicht. Diese ist nur die Grundlage. Es liegt einzig und allein an der Disziplin, die Pläne durchzuführen!"

Goethe hat einmal gesagt: "Es ist nicht genug zu wissen, man muß es auch anwenden. Es ist nicht genug zu wollen, man muß es auch tun."

Wohl wahr. Was nützt die schönste Planung, die ausgefeilteste Ausarbeitung und die konkreteste Auflistung der Mittel und Maßnahmen, wenn der Wille fehlt, die Pläne umzusetzen?

Nach meiner Erfahrung hapert es dabei an zweierlei: der Attraktivität des Ziels (das muß dann umformuliert werden) sowie der Zeitplanung.

Denn das ist die Grundvoraussetzung: Die Pläne können noch so gut sein - wenn sie nicht konsequent in die jährlichen, monatlichen und täglichen Zeitplanungen integriert werden, sind sie dem Untergang geweiht.

Ein Plan kann nie im Handstreich, sondern immer nur Schritt für Schritt verwirklicht werden. Das ist die vielleicht wichtigste Regel. Das CollegTiming-Zeitplansystem macht das möglich.

Zunächst noch einige Gedanken zum Thema Zeit.

Dauer und Veränderung gehören zu den Grundwahrnehmungen aller hochentwickelten Lebewesen. Im Laufe der Evolution erwarb sich der Mensch ein Zeitbewußtsein, um Vergangenheit, Gegenwart und Zukunft seines Lebens bestimmen zu können. Dieses Zeitbewußtsein war jedoch keineswegs einheitlich. In der frühen Kultur-, Wissenschafts- und Technikgeschichte existierten ganz unterschiedliche Zeitvorstellungen.

Heraklit (550 - 480 v. Chr.) erkannte als erster, daß die Welt in ständigem Werden begriffen und Zeit ein irreversibler Ablauf wie der Strom eines Flusses ist. Für seinen Zeitgenossen Parmenides dagegen war jede Veränderung nur scheinbar und Zeit ein reversibles Phänomen einer an sich unveränderlichen Welt. Noch in der klassischen Mechanik Isaac Newtons (1643 -1727) spielt die Vorstellung von einer Zeit, die rückwärts abläuft, eine wichtige Rolle, obwohl doch eine Tasse, die zu Boden fällt, zerspringt und eine Umkehrung dieses Prozesses nie beobachtet wurde. Daß die Zeit (unter Extrembedingungen) keine konstante Größe ist, behauptet auch Albert Einstein in seiner speziellen Relativitätstheorie.

Solche Überlegungen, die bis heute Philosophen und Physiker beschäftigen, brauchen uns jedoch nicht weiter zu kümmern. Wir können getrost davon ausgehen, daß Zeit das auf der Erde am gerechtesten verteilte Gut ist, von dem jeder Mensch Tag für Tag gleich viel zur Verfügung hat.

Die Zeiteinteilung des Tages in 24 Stunden, 24 x 60 = 1440 Minuten und 24 x 60 x 60 = 86.400 Sekunden stammt von den Babyloniern. Den heutigen Kalender erfanden die Ägypter. Seitdem dauert das tropische Sonnenjahr von Sonnenwende zu Sonnenwende 365,2422 Sonnentage von Mittag zu Mittag. Da ein Kalender mit ganzen Tagen rechnet, besteht das Jahr aus 365 Tagen mit 12 Monaten von je 3 Dekaden und 5 Extratagen. Nach 4 Jahren haben sich die Sonnenwenden bzw. Jahreszeiten um circa einen Tag verschoben, dem Schaltjahr.

Wenn nun jemand innerhalb dieser so strukturierten Zeit mehr erreicht als andere, so muß er seine Zeit besser geplant und genutzt haben. Der oft gehörte Seufzer "Ich habe keine Zeit" müßte eigentlich lauten: "Ich habe für eine bestimmte Angelegenheit keine Zeit".

Bei der Untersuchung der Frage, wie Zeitdruck und Streß entstehen, stoßen wir immer wieder auf die gleichen Phänomene: mangelnde Kommunikation, operative Hektik und die Notwendigkeit, das, was schiefgelaufen ist, wieder zu korrigieren. Es gibt "Zeitverschwender", die vor allem wir selber zu verantworten haben, wie das Problem, nicht "nein" sagen zu können, alles selbst tun zu wollen und das möglichst gleichzeitig, emotionale Entscheidungen. Und es gibt "Zeitdiebe", die von außen auf uns einwirken wie Störungen durch Telefonate und Personen, auf die wir weder terminlich noch themenmäßig vorbereitet sind. Auch die allgemein verbreitete Unfähigkeit, Konferenzen effizient zu gestalten, zählt dazu. Zeit ist aber Geld, und Zeit ist in der Alltagswelt, in der wir leben, unwiederbringlich.

Zeit ist nicht käuflich, wir können sie nicht sparen oder auf Vorrat lagern. Wir müssen sie vielmehr sorgsam pflegen und verwalten. "Wer seine Zeit nicht managen kann, der kann gar nicht managen", sagt Peter Drucker.

Das Zeitmanagement beginnt aber nicht mit der Einteilung des Tages; mit ihr endet es im Grunde. Effektive Zeitplanung beginnt bei der langfristigen Planung. Es ist unmöglich, ein Detail festzulegen und zu planen, wenn man den Gesamtzusammenhang nicht kennt. Im Falle der Zeitplanung besteht er aus einem langfristigen Ziel, aus dem sich mittel- und kurzfristige Ziele (Jahres-, Monatsziele) ableiten lassen. Der Tagesplan ist dann Teil des Monatsplans, und der ist wiederum Teil des Jahresplans.

Zum Vormerken von Terminen gibt es im Schreibwarenfachhandel Kalender und Merkbüchlein verschiedenster Art. Auch als Werbegeschenke sind sie sehr beliebt. Mehr als Terminkalender sind Notizbücher dieser Art allerdings nicht. Ein effektives Zeitmanagement läßt sich damit nicht betreiben.

Unser CollegTiming-Zeitplanbuch bietet viel mehr als ein einfacher Terminkalender; es ist so konzipiert, daß es praktisch von jedermann genutzt werden kann. Der Unternehmer wie der Auszubildende kann damit Schritt für Schritt ganz diszipliniert die geplanten Maßnahmen realisieren.

Daß es sich lohnt, konzentriert "zur Sache" zu kommen, ergibt sich schon aus dem nach dem italienischen Nationalökonomen Vilfredo Pareto (1848-1923) bekannten "Pareto-Prinzip". Dieses Prinzip besagt, daß sich viele Lebenszusammenhänge im Verhältnis 20 zu 80 strukturieren, daß zum Beispiel 20 Prozent der Bevölkerung über 80 Prozent des Umsatzes tätigen - und sich mit 20 Prozent des Zeitaufwandes 80 Prozent der Erfolge erzielen lassen. Eine Zeitplanung, die diese 20 Prozent effektiv nutzt, entlastet vom Streß und vervielfacht zugleich die Erfolgsquote. Ein entsprechend aufgebautes Zeitplanbuch schlägt die Brücke zwischen Privatleben und Beruf; es versöhnt beide Bereiche, die oft lebensfeindlich miteinander konkurrieren. Es ist Dreh- und Angelpunkt einer erfolgreichen Lebensführung. Es erweist sich als das Instrument, um das Leben ins Gleichgewicht zu bringen und den Menschen zum Mittelpunkt seiner Welt zu machen.

Im "Zeitplanbuch-Test 1995" ("Zeitmanagement-Methoden auf dem Prüfstand") des Experten Werner Roth schneidet CollegTiming mit der Höchstnote "sehr gut" ab.

Über das Josef Schmidt Colleg schreibt Roth:

"Schwerpunkte des Leistungsprogramms sind das Seminar und Management-Modell UnternehmerEnergie, nach dem im deutschsprachigen Raum etwa 5000 mittelständische Unternehmen erfolgreich geführt werden, sowie das CollegTiming-Zeitplansystem, das zu den am Markt etablierten Zeitplanbüchern gehört. Circa 40.000 Unternehmer und Führungskräfte nutzen das System zur Organisation ihrer täglichen Arbeit."

Im folgenden möchte ich Aufbau und Handhabung des gelobten CollegTiming-Zeitplanbuches kurz vorstellen:

Das erste Blatt des Zeitplanbuches ist das Deckblatt mit Namen, Anschrift, Blutgruppe und Angabe der Person, die im Notfall benachrichtigt werden soll. Auch wird ein Geldbetrag eingetragen, der, falls das Buch verlorengegangen war, dem ehrlichen Finder gezahlt wird.

Dann folgt das erste Registerblatt aus Kunststoff mit der Aufschrift "Jahresplan". Dieser

Teil des Zeitplanbuches (es besteht aus 4 Abteilungen) bietet Platz für alle wichtigen Termine des Jahres, und zwar die Jahresübersicht, die Vorplanungen für das Jahr, den Projektplaner und den Management-Timer. Der Projektplaner (*Abb. 1*) zum Beispiel ermöglicht die vollständige Übersicht über alle Vorhaben, die vom 1. Januar bis zum 31. Dezember erledigt werden müssen.

Der Management-Timer (*Abb. 2*) ist ein besonders wichtiger Bestandteil des Zeitplanbuches. Er enthält alle von der Führungskraft wahrzuneh- menden Aufgaben sowie ein Zeitraster, mit dem diese Aufgaben für ein Jahr im voraus zeitlich geplant werden können. Die festgeleg-

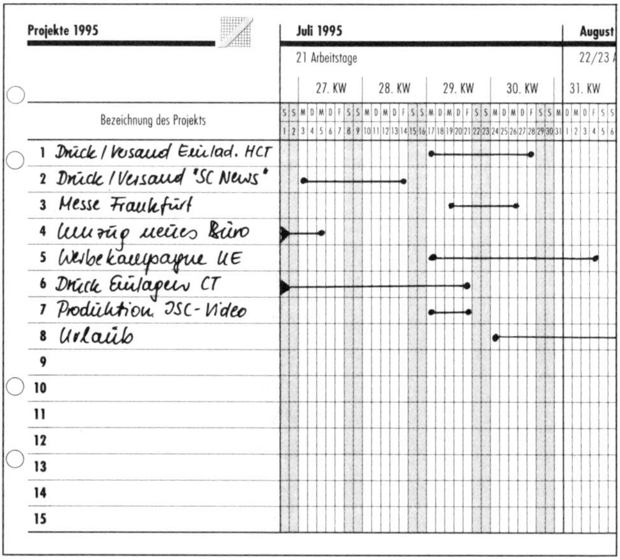

Abb. 1

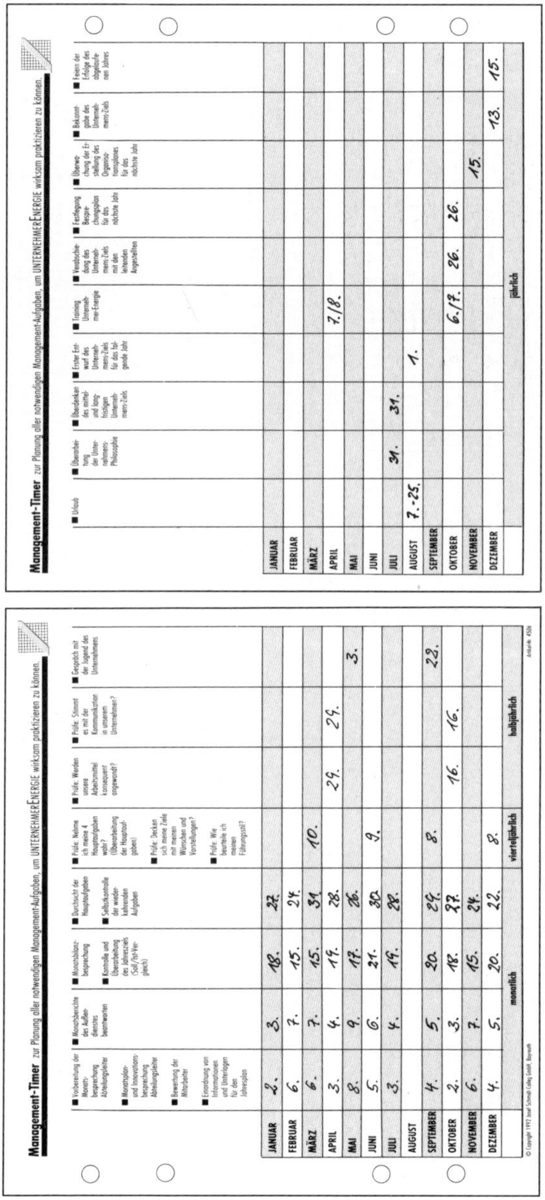

Management-Timer zur Planung aller notwendigen Management-Aufgaben, um UNTERNEHMERENERGIE wirksam praktizieren zu können.

	■ Vorbereitung der Monatsbesprechung Abteilungsleiter ■ Monatsplan- und Innovationsbesprechung Abteilungsleiter ■ Bewertung der Mitarbeiter ■ Einordnung von Informationen und Unterlagen für den Jahresplan	■ Monatsberichte des Außendienstes beantworten	■ Monatsbilanzbesprechung ■ Kontrolle und Überarbeitung des Jahresziels (Soll/Ist-Vergleich)	■ Durchsicht der Hauptaufgaben ■ Selbstkontrolle der wiederkehrenden Aufgaben	■ Prüfe: Nehme ich meine 4 Hauptaufgaben wahr? (Überarbeitung der Hauptaufgaben) ■ Prüfe: Decken sich meine Ziele mit meinen Wünschen und Vorstellungen? ■ Prüfe: Wie beurteile ich meinen Führungsstil?	■ Prüfe: Werden unsere Arbeitsmittel konsequent angewandt?	■ Prüfe: Stimmt es mit der Kommunikation in unserem Unternehmen?	■ Gespräch mit der Jugend des Unternehmens
JANUAR	2.	3.	18.	27.				
FEBRUAR	6.	7.	15.	24.				
MÄRZ	6.	7.	15.	31.	10.			
APRIL	3.	4.	19.	28.		29.	29.	
MAI	8.	9.	17.	26.				3.
JUNI	5.	6.	21.	30.	9.			
JULI	3.	4.	19.	28.				
AUGUST								
SEPTEMBER	4.	5.	20.	29.	8.			22.
OKTOBER	2.	3.	18.	27.		16.	16.	
NOVEMBER	6.	7.	15.	24.				
DEZEMBER	4.	5.	20.	22.	8.			
	monatlich				vierteljährlich	halbjährlich		

© Copyright 1992 Josef Schmidt Colleg GmbH, Bayreuth — Artikel-Nr. 4506

Management-Timer zur Planung aller notwendigen Management-Aufgaben, um UNTERNEHMERENERGIE wirksam praktizieren zu können.

	■ Urlaub	■ Überarbeitung der Unternehmens-Philosophie	■ Überdenken des mittel- und langfristigen Unternehmens-Ziels	■ Erster Entwurf des Unternehmens-Ziels für das folgende Jahr	■ Training Unternehmer-Energie	■ Verabschiedung des Unternehmens-Ziels mit den leitenden Angestellten	■ Festlegung Besprechungsplan für das nächste Jahr	■ Überwachung der Erstellung des Organisationsplanes für das nächste Jahr	■ Bekanntgabe des Unternehmens-Ziels	■ Feiern der Erfolge des abgelaufenen Jahres
JANUAR										
FEBRUAR										
MÄRZ										
APRIL					7./8.					
MAI										
JUNI										
JULI		31.	31.							
AUGUST	7.-25.			1.						
SEPTEMBER										
OKTOBER					6./7.	26.	26.			
NOVEMBER								15.		
DEZEMBER									13.	15.
	jährlich									

Abb. 2

ten Termine fließen anschließend in die Monats- und Tagesplanungen ein. Auf diese Weise entstehen feste Zeiträume für die Wahrnehmung der Hauptaufgaben der Führungskraft. Die Erfahrungen zeigen, daß die Erfüllung dieser unternehmerischen Aufgaben höchstens 25 Prozent der Arbeitszeit in Anspruch nimmt, wenn sie mit dem Management-Timer strukturiert wurden.

Plan für den Monat September - ***Beruflicher*** **Bereich**

1. Ich bewerte den abgelaufenen Monat. Welche Konsequenzen ziehe ich daraus?

2. Ich lese mein Lebensziel und mein Jahresziel.

3. Ich übertrage alle Termine aus den Vorplanungen für den Monat und dem Management-Timer in die Tagespläne.

4. Wann schaffe ich mir Zeiträume für Analysen und Planungen?

5. Welche Idee werde ich genau prüfen, um sie in die Planung aufzunehmen?

6. Welche wichtigen Veränderungen werde ich in diesem Monat einleiten, z. B. durch strategische Planung mit dem Energieplan? Arbeitsökonomie, Führung/Humankapital, Störungsfaktoren u.v.m.

7. Was tue ich in diesem Monat für den Umweltschutz?

8. *Qualitätsziel des Monats:*
   Lasse ich mich im Nutzenbieten von niemandem übertreffen?
   Erzeuge ich in meinem Arbeitsbereich höchste Qualität?

9. Wie ist das Erscheinungsbild unserer Produkte bzw. Dienstleistungen?

Artikel-Nr. 4503

Abb. 3

Plan für den Monat September - *Privater* Bereich

1. Ich bewerte den abgelaufenen Monat. Welche Konsequenzen ziehe ich daraus?

2. Ich lese mein Lebensziel und mein Jahresziel.

3. Welche Vorhaben plane ich und stimme ich mit meiner Familie ab?

4. Wem bereite ich eine besondere Freude?

5. Wem danke ich?

6. Was wünsche ich mir in diesem Monat in bezug auf Hobbys?

7. Welche besonderen Wünsche erfülle ich mir in diesem Monat?

8. Was tue ich in diesem Monat für Freunde/Freundschaften?

9. Wie ist mein persönliches Erscheinungsbild?

10. Welche Veränderung im privat/persönlichen Bereich möchte ich in diesem Monat vornehmen?

11. Was tue ich für meine Gesundheit? Fitneßtrainig/Gesundheitliche Vorsorge, wie Arzt, Zahnarzt, Augenarzt usw.

 Artikel-Nr. 4503

Abb. 4

Im ersten Teil des CollegTiming-Zeitplanbuches werden die für ein Jahr relevanten Termine festgehalten. Das ermöglicht den Überblick über die verplanten und noch freien Tage. Im zweiten Teil geht es ums Planen; hier werden Pläne und Vorhaben in durchführbare Maßnahmen aufgegliedert.

Nach dem zweiten Kunststoffregister erscheint zunächst der "Plan für den Monat..." für den beruflichen und danach der Plan für den privaten Bereich (*Abb. 3 und 4*). Monatlich sich wiederholende Fragen und Hinweise geben Anregungen für private und berufliche Planungen. Eine Hilfe zur Selbstmotivation: Auf der Rückseite des Monatsplans wird notiert, wie man sich den idealen Monat vorstellt. Die Mittel und Maßnahmen, die zur Verwirklichung des Idealbildes notwendig sind, werden auf weiße Notizblätter geschrieben.

Das CollegTiming-Zeitplanbuch hilft auch dabei, unvorhersehbare Probleme zu meistern. Der Problemzustand wird analysiert und ein Zielszenario, das den Wunschzustand beschreibt, entworfen (*Abb. 5 und 6*).

Außerdem werden weitere Blätter mit den für die Lösung des Problems notwendigen Mittel und Maßnahmen angelegt (*Abb. 7 und 8*).

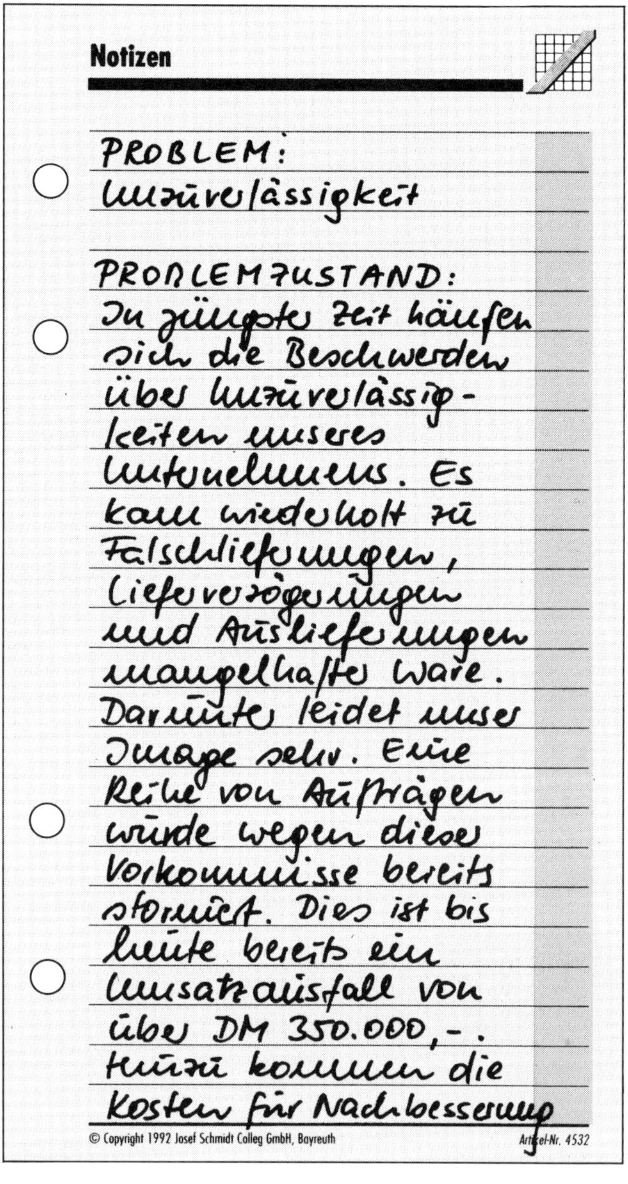

Notizen

PROBLEM:
Unzuverlässigkeit

PROBLEMZUSTAND:
In jüngster Zeit häufen sich die Beschwerden über Unzuverlässigkeiten unseres Unternehmens. Es kam wiederholt zu Falschlieferungen, Lieferverzögerungen und Auslieferungen mangelhafter Ware. Darunter leidet unser Image sehr. Eine Reihe von Aufträgen wurde wegen dieser Vorkommnisse bereits storniert. Dies ist bis heute bereits ein Umsatzausfall von über DM 350.000,-. Hinzu kommen die Kosten für Nachbesserung

Artikel-Nr. 4532

Abb. 5

Notizen

PROBLEM:
Unzuverlässigkeit

ZIELSZENARIO:
Unser Unternehmen gilt in bezug auf Zuverlässigkeit wieder als vorbildlich. Alle Aufträge werden fristgerecht ausgeliefert. Die Lieferungen sind stets richtig und vollständig. Die gelieferte Ware ist frei von Mängeln. Unsere Kunden haben keinen Anlaß auf Wettbewerbsprodukte auszuweichen. Eine Umsatzsteigerung von über 15% sind das Resultat. Die Aufwendungen für die Bearbeitung von Reklamationen sind unter

Abb. 6

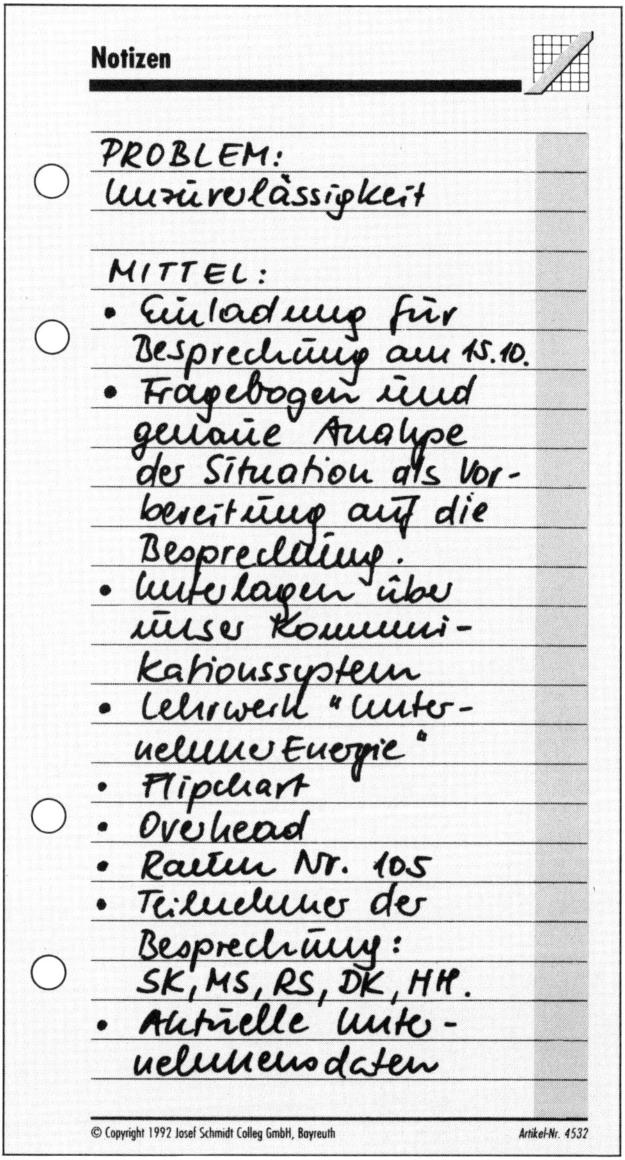

Notizen

PROBLEM:
Unzuverlässigkeit

MITTEL:

- Einladung für Besprechung am 15.10.
- Fragebogen und genaue Analyse der Situation als Vorbereitung auf die Besprechung.
- Unterlagen über unser Kommunikationssystem
- Lehrwerk "Unternehmer Energie"
- Flipchart
- Overhead
- Raum Nr. 105
- Teilnehmer der Besprechung: SK, MS, RS, DK, HH.
- Aktuelle Unternehmensdaten

 Artikel-Nr. 4532

Abb. 7

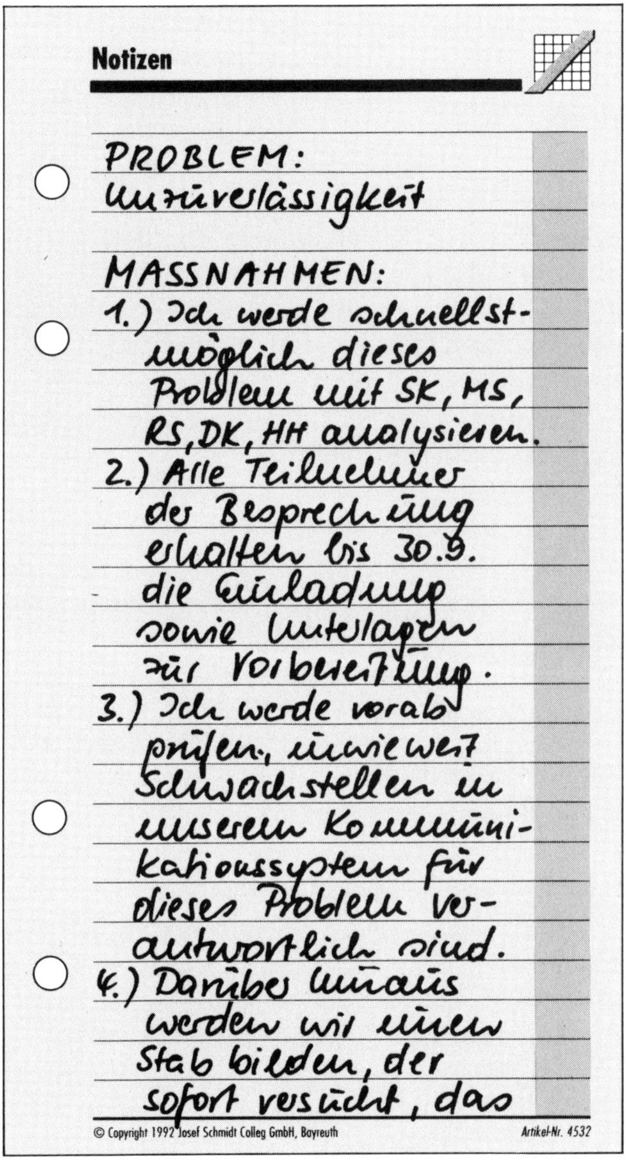

Notizen

PROBLEM:
Unzuverlässigkeit

MASSNAHMEN:
1.) Ich werde schnellstmöglich dieses Problem mit SK, MS, RS, DK, HH analysieren.
2.) Alle Teilnehmer der Besprechung erhalten bis 30.9. die Einladung sowie Unterlagen zur Vorbereitung.
3.) Ich werde vorab prüfen, inwieweit Schwachstellen in unserem Kommunikationssystem für dieses Problem verantwortlich sind.
4.) Darüber hinaus werden wir einen Stab bilden, der sofort versucht, das

 Artikel-Nr. 4532

Abb. 8

Für jeden Tag enthält das CollegTiming-Zeitplanbuch eine Doppelseite: Links befindet sich eine Zeitleiste für feststehende Termine, rechts ist Platz für private und berufliche Pläne (*Abb. 10 und 11*). In diese Tagespläne müssen zu Beginn eines Monats die Termine aus der Jahresübersicht, den Vorplanungen für den Monat und dem Management-Timer übertragen werden. Sobald eine Aufgabe erledigt ist, sollte das entsprechend gekennzeichnet werden:

•	Aufgabe erledigt
••	Aufgabe gut erledigt
•••	Aufgabe sehr gut erledigt
x	Aufgabe hat sich als unnötig erwiesen
=	Aufgabe wurde auf späteren Termin übertragen.

So wie der Tag geplant wird, wird er auch - nach Feierabend - nachbereitet. Dabei hilft das Erfolgsbarometer (*Abb. 9*): Jeder Tag wird mit den Kategorien "sehr gut", "gut", "befriedigend" oder "unbefriedigend" bewertet. Am Ende des Monats werden die Eintragungen zu einer Kurve verbunden; Höhen und Tiefen geben darüber Auskunft, welche Tätigkeiten einem am besten liegen und wo Defizite bestehen.

Nicht alles läßt sich in ein Raster pressen. Für Ideen, die sich (noch) nicht in die Zeitplanung integrieren lassen, gibt es spezielle Notizblätter, und zwar zur allgemeinen Ideensammlung, Gesprächsvorbereitungen, Beschreibung von Problemzuständen und Zielszenarien, für Hobbys, Freizeit und Urlaub.

Im dritten und vierten Teil des Zeitplanbuches können Daten und Informationen, die von ak-

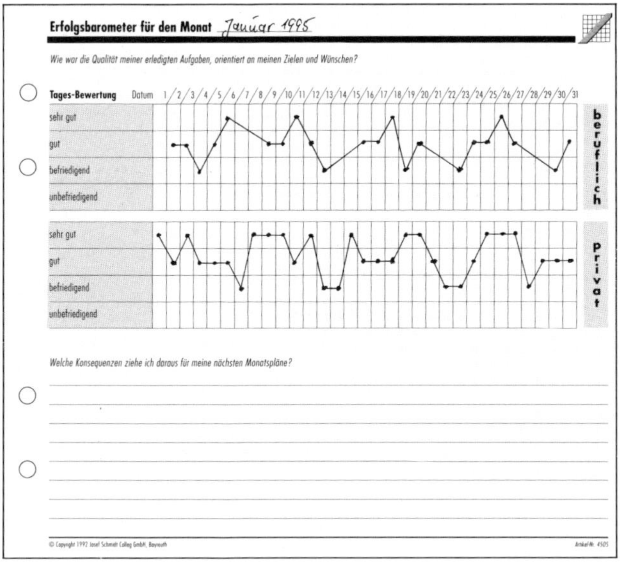

Abb. 9

tueller Bedeutung sind, notiert werden. Natürlich gibt es auch ein Adressenverzeichnis und dergleichen mehr sowie für Unternehmer, leitende Angestellte und Verkäufer Formblätter für die kurzfristige Erfolgsrechnung, Umsatz- und Auftragsentwicklung, Reiseausgaben etc.

Es gibt Unternehmer, die bezeichnen den CollegTimer - sicher nicht zu Unrecht - als "mein zweites Gehirn".

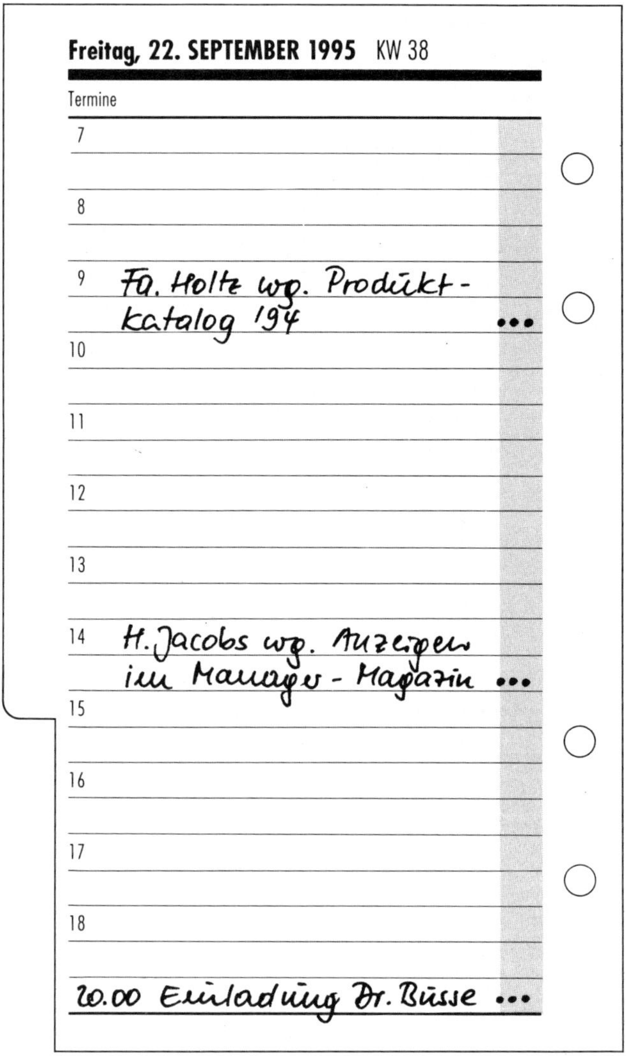
Freitag, 22. SEPTEMBER 1995 KW 38
Termine
7
8
9 Fa. Holtz wg. Produkt-
katalog '94 •••
10
11
12
13
14 H. Jacobs wg. Anzeigen
im Manager-Magazin •••
15
16
17
18
20.00 Einladung Dr. Busse •••

Abb. 10

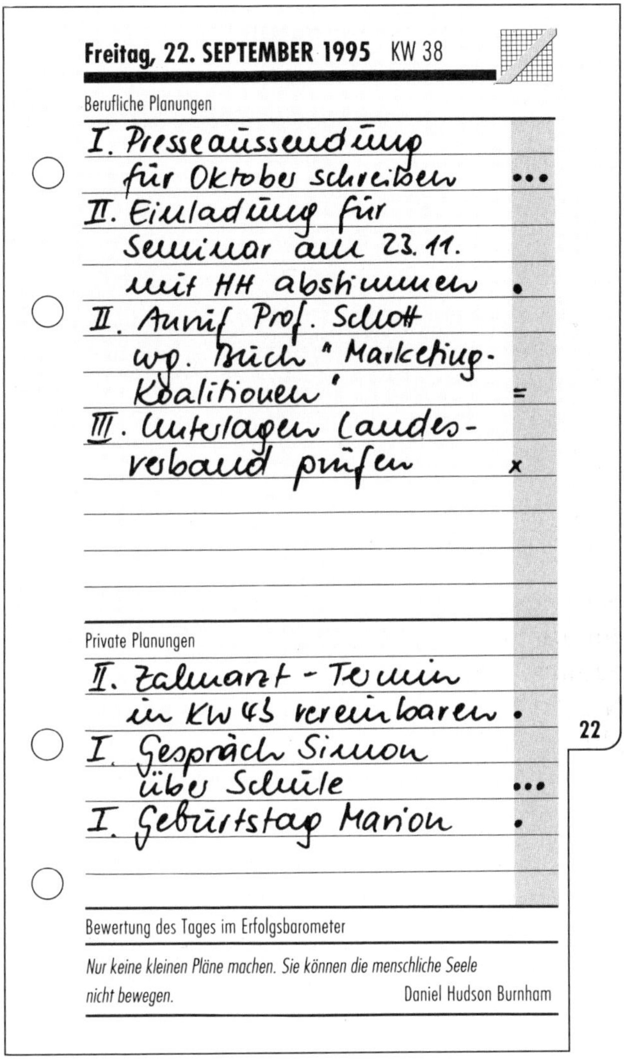

Freitag, 22. SEPTEMBER 1995 KW 38

Berufliche Planungen

I. Presseaussendung für Oktober schreiben •••
II. Einladung für Seminar am 23.11. mit HH abstimmen •
II. Anruf Prof. Schott wg. Buch "Marketing-Koalitionen" =
III. Unterlagen Landesverband prüfen x

Private Planungen

II. Zahnarzt-Termin in KW 43 vereinbaren •
I. Gespräch Simon über Schule •••
I. Geburtstag Marion •

Bewertung des Tages im Erfolgsbarometer

Nur keine kleinen Pläne machen. Sie können die menschliche Seele nicht bewegen. Daniel Hudson Burnham

22

Abb. 11

"Wer die Zeit nicht managen kann, kann gar nicht managen."

Frage: Müssen Manager, um gut zu sein, ihr Leben verplanen?

Schmidt: Das klingt nach Zwang, und der ist nicht gemeint. Die Manager sollten jedoch ihre Zeit bewußter gestalten nach dem Motto: Jeder Tag ist ein neuer Tag. Morgen ist er Vergangenheit. Was ich heute einleite, wirkt heute, morgen und noch sehr lange Zeit. Was ich heute versäume, kann ein Versäumnis für die Zukunft sein.

Frage: Ist denn jede Führungskraft als Zeitmanager geeignet?

Schmidt: Peter Drucker hat gesagt, daß einer, der die Zeit nicht managen kann, gar nicht managen kann. Der Meinung bin ich auch. Nicht jedem jedoch fällt die gedankliche Disziplin bei der Zielplanung und die Selbstdisziplin bei der Umsetzung leicht. Da muß mancher noch üben.

Frage: Laut einer Untersuchung bilden die "souveränen Zeitmanager" nur eine kleine Minderheit; die Masse der Führungskräfte zählt entweder zum Typus des "überplanten", des "bequemen", des "re-agierenden" oder gar des "chaotischen" Zeitmanagers.

Schmidt: Ich denke, daß etwa ein Drittel der Manager vernünftig mit der Zeit umgeht...

Frage: ...oder eine Sekretärin hat, die das übernimmt...

Schmidt: ...auch das ist möglich. Ein weiteres Drittel ist dazu nach einem oder mehreren Seminarbesuchen und Auffrischungskursen in der Lage. Und das letzte Drittel macht sich das Leben schwer, indem es ohne eine längerfristige Ziel- und Zeitplanung auszukommen versucht. Hilfreich ist es in jedem Fall, sich das Handwerkszeug für eine methodische Zeitplanung anzueignen; es muß ja nicht gleich perfekt sein.

Frage: Sind nicht vor allem für Sie solche Unternehmertypen interessant, deren Denken und Handeln schon immer zielorientiert war und die nur neue Techniken hinzulernen wollen?

Schmidt: Das ist sicherlich das dankbarste Klientel. Es ist bemerkenswert, daß gerade dieser Typ in meinen Seminaren besonders häufig anzutreffen ist, lauter Unternehmer, die anschließend noch erfolgreicher sind.

Frage: Und wie ist es mit den Suchenden, die nach allem greifen, das ihrem Leben Halt geben könnte und für die ein Trainer nicht missionarisch genug sein kann?

Schmidt: Ich lege größten Wert darauf, nicht als Dogmatiker oder gar als Guru zu erscheinen. Deshalb treffen sich bei mir ganz überwiegend mittelständische Unternehmer, und nicht die schlechtesten. Andere würden meinen pragmatischen Stil auch gar nicht ertragen. Ein sehr erfolgreicher Unternehmer sagte mir kürzlich: "Sie und Ihre Lehre sind mit dem Begriff Radikal-Pragmatiker identisch."

Frage: So pragmatisch Ihre Lehre auch ist: Dahinter steckt das, was Sie philosophische Ethik nennen?

Schmidt: Der Mensch ist kein Technokrat, auch wenn er in den Unternehmen oft so behandelt wird. Er hat Werthaltungen. Deshalb ist eine Unternehmensführung ohne Werte gar nicht möglich. Die Zeitplanung ist ein Instrument, um die Werte in die Praxis umzusetzen. Für uns sind es die der philosophischen Ethik. Doch darüber im nächsten Kapitel mehr.

Managerprofil des Jahres 2000

Der Manager der Zukunft fördert das fehlerfreudige Management.

Er legt großen Wert auf Weltniveau.

Er hat Interesse an fremden Kulturen.

Er ist chaosfähig und nicht festgelegt auf einmal getrimmte Strategien.

6. Kapitel

Können ethische Grundwerte durch ein Managementmodell vermittelt werden?

Ein Satz aus der "Unternehmens-Philosophie" des Josef Schmidt Collegs:

"Alles Tun und Handeln ist darauf abgestimmt, mit unseren Produkten und Dienstleistungen dem Kunden echten Nutzen zu bieten."

Ein Satz aus den "Unternehmens-Grundsätzen" des Josef Schmidt Collegs:

"Der Führungsstil und die Führungsstruktur im Unternehmen sind für jeden nachvollziehbar und dienen in erster Linie dem Zweck, daß das eingesetzte Humankapital durch Wahrung der Menschenwürde den höchsten Ertrag erbringt."

Ein Satz aus dem "Ethik-Kodex" des Josef Schmidt Collegs:

"Grundlage für unsere Unternehmensführung und für unser tägliches Denken, Tun und Handeln ist die Ethik und hier ganz besonders die philosophische Ethik."

Diese Bekenntnisse, im Frühjahr 1995 verfaßt und notariell beglaubigt, stehen in einem sonderbaren Kontrast zu der Diskussion, die zunehmend die Öffentlichkeit beschäftigt: daß sich in Politik, Wirtschaft und Behörden Korruption und Bereicherung "wie ein Virus" ausbreiten. Und daß auch sonst der Egoismus zum vorherrschenden Lebensprinzip wird. "Bereichert euch! So lautet das völkerverbindende Gebot unserer Tage", schreibt Paul Noack, Professor für Politikwissenschaft und Autor des Buches "Korruption - Die andere Seite der Macht".

Denkt der brave Bürger an sich selbst zuerst - und machen die Großen ihm vor, wie das geht? Wenn der Baulöwe Jürgen Schneider Milliarden-Kredite erschwindelt und sich ins Ausland absetzt? Wenn drei Minister und ein Ministerpräsident, wie in Sachsen-Anhalt, zuviel Geld einstreichen und keinerlei Reue zeigen? Wenn dem Bäderkönig Eduard Zwick vom Freistaat Bayern eine Steuerschuld von 62 Millionen Mark erlassen wird? Die "Amigo-Affären" der ehemaligen Ministerpräsidenten sind bereits sprichwörtlich. Der Mißbrauch öffentlicher Ämter zu privaten Zwecken scheint vielerorts Normalität zu sein; von der Treuhand bis zur CSU, von Siemens bis Opel, von Bürgermeisterämtern bis zu Mülldeponien reichen die Tatorte.

Die Folgen der Korruptionsfälle, die allein im ersten Halbjahr 1995 aufgedeckt wurden - 1500 Verfahren in Frankfurt am Main, 300 in München -, sind für Deutschland gravierender noch als für andere Länder. Deutschland gehört zu den Staaten, die stolz darauf sind, öffentliche und private Sphäre schon lange sauber getrennt zu haben. Und immer schon hat sich der Staat viel auf seine unbestechlichen Staatsdiener zugute gehalten und sie als Garanten des öffentlichen Wohls entsprechend gut behandelt. Doch just auch dieser privilegierte Berufsstand ist in Verruf geraten. "Der Öffentliche Dienst ist keine Insel der Glückseligkeit, sondern Spiegelbild der Gesellschaft", urteilt der Frankfurter Staatsanwalt Wolfgang Schaupensteiner. Und sein Kollege Heinz-Bernd Wabnitz von der Schwerpunktstaatsanwaltschaft für Wirtschaftskriminalität in Hof faßt zusammen: "Die Weißen-Kragen-Täter sind in alle wichtigen Schaltstellen der Wirtschaft und Verwaltung eingedrungen."

Sonderbar bleibt, daß die Politiker dennoch überwiegend so tun, als bestünde kein dringender Anlaß, um den Schreibtischganoven das Handwerk zu legen. Kriminologen und Staatsanwälte reden sich den Mund fusselig - der Gesetzgeber verhält sich auf unverständliche Weise ruhig. Er hilft sogar bei der Korruption mit: Nach geltendem Recht können deutsche Firmen Bestechungsgelder als "nützliche Aufwendungen" von der Steuer absetzen. Der Steuerbeamte darf wegen des Steuergeheimnisses nichts dagegen unternehmen; wenn er die Polizei einschaltete, machte er sich selbst strafbar.

Um das zu verstehen, braucht es wohl ein bißchen Psychologie. Tatsache ist nämlich, daß Wirtschaftskriminelle nicht als besonders anrüchig, eher als vom Schicksal besonders begünstigte Bürger gelten, die lediglich ihre Qualifikation als clevere Kaufleute unter Beweis gestellt haben. Die Kriminologen sind sich darin einig, daß es, anders als bei Gewaltverbrechern, keinen Typ des Wirtschaftsstraftäters gibt, der dem Normalbürger ganz und gar ungewöhnlich vorkommen müßte. Die Eigenschaften, die ihn erfolgreich machen, sind bei den Angehörigen aller Gesellschaftsschichten und Berufsstände anzutreffen. Allein hinsichtlich der Qualität der Tatausführung und der Quantität des Schadens gibt es Unterschiede.

Das Hauptmotiv für wirtschaftskriminelles Verhalten, der Profit, ist auch das legitime Ziel eines jeden kaufmännischen Handelns.

Korruption hat es schon immer gegeben. Neu ist, daß die Öffentlichkeit zunehmend sensibilisiert wird, im Guten wie im Schlechten. Einerseits wächst beim Normalbürger die Empörung, andererseits aber auch die Bereitschaft, es "denen da oben" nachzumachen. Wir haben es hier mit einer geistigen Umweltverschmutzung zu tun (siehe dazu das Gespräch am Schluß dieses Kapitels). Eigenschaften wie Ehrlichkeit und Zurückhaltung oder die Hemmung, jeden sich bietenden Vorteil auszunutzen, geraten in Verdacht, der eigenen Karriere im Wege zu stehen. Die Folge: Man nimmt, was man bekommen kann, und man will bekommen, was die anderen haben. Jahr für Jahr steigt die Zahl der Fälle von Steuerhinterziehung und Subventionsbetrug, Schwarzarbeit und Mißbrauch staatlicher Sozialsysteme. Selbstsucht, so scheint es, ist kein Grund mehr, sich zu schämen. "Die Kunst, ein Egoist zu sein" heißt ein Buch, das sich gut verkauft. Und ein Bestseller hat den Titel: "Der Ehrliche ist der Dumme".

Solidarität, das Zauberwort der 70er Jahre, ist zu einer Floskel verkommen. "Insbesondere die höher Gebildeten befinden sich auf dem Weg zur Ellbogengesellschaft", ermittelte der bekannte Psychoanalytiker Horst-Eberhard Richter. "Sie sind selbstzufriedener, ehrgeiziger und dafür weniger sozialorientiert, als sie es noch vor einem Jahrzehnt waren." Das erste

Gebot der jungen Generation formulierte ein Werbefachmann so: "Nimm deine eigenen Bedürfnisse wichtiger als alles andere, und erfülle deine Wünsche konsequent. Egal, wer darunter zu leiden hat. Hauptsache, du entbehrst nichts." "Der Spiegel" konstatiert: "Die demokratische Gesellschaft zerfällt in egoistische Gruppen und Grüppchen: Ost gegen West, Arm gegen Reich, jeder gegen jeden und jeder nur für sich."

"Das wirkliche Problem" sei, schreibt CDU/CSU-Fraktionschef Wolfgang Schäuble in seinem Buch "Und der Zukunft zugewandt", "ob der heute so weit ausgebreitete Lebensstil von Individualismus, Egoismus und Selbstverwirklichungsidealen die Menschen überhaupt noch dazu befähigt, die Aufgaben verantwortungsvoller Elternschaft zu erfüllen".

Sind wir vom Josef Schmidt Colleg angesichts dieses Szenarios nicht hoffnungslos altmodisch? Beweisen wir mit unserer Selbstverpflichtung nicht eigentlich nur, daß wir hinterm Mond leben, fernab in der bayerischen Provinz? Etwa wenn es unter Punkt 5 unseres Ethik-Kodex heißt:

"Unter Ethik verstehen wir ganz konkret Anständigkeit, Zuverlässigkeit, Redlichkeit, Wagemut und Treue. Diese Werte sind für uns täglicher Maßstab, um unser Unternehmen erfolgreich zu führen."

Ethik in Zeiten des grassierenden Egoismus, der Ellbogenmentalität, der Korruption? Erfolg durch ethisches Handeln? Ich wage die Behauptung, daß kein Unternehmer ohne ethische Grundprinzipien auf Dauer existieren kann und die Bereicherungsmentalität zu Lasten anderer allenfalls kurzfristig Erfolg hat. Denn ohne ein Mindestmaß an menschenwürdigem Verhalten ist Leben unmöglich; es wäre dann menschen"un"würdig. Das wird auch der krasseste Egoist einsehen, spätestens wenn er gescheitert ist. In einer Definition von Pater Albert Ziegler kommt das zum Ausdruck:

"Unternehmensethik ist die Lehre vom gutgemeinten und sachlich richtig unternehmerischen Handeln des Menschen, das deswegen (vor allem gewissensmäßig) zu verantworten ist, weil das Unternehmen

- erstens darauf abzielt, die materiellen Voraussetzungen eines menschenwürdigen Daseins bereitstellen zu helfen;

- zweitens dafür sorgt, daß diese materiellen Voraussetzungen des menschenwürdigen Daseins auch auf menschenwürdige Weise geschaffen werden,

- drittens darum zu einem gelingenden und glückenden Leben beiträgt."

Unternehmensethik in diesem Verständnis ist der Erfolgsfaktor Nummer eins. Das kann auch nicht anders sein, seitdem sich das gesellschaftliche Umfeld, in dem die Unternehmen agieren, in den letzten Jahrzehnten erheblich gewandelt hat. Die Tatsache, daß insbesondere die großen Wirtschaftsorganisationen für viele Fehlentwicklungen in den westlichen Industrienationen verantwortlich gemacht werden, führt dazu, daß im Sinne des Verursacherprinzips eine Fülle von Auflagen, neuen Anforderungen und Ansprüchen an sie herangetragen werden.

Diese sind neben der traditionellen Verantwortung gegenüber Eigentümern und Gläubigern

- Verantwortung gegenüber dem Verbraucher (bessere Aufklärung und Beratung; verbesserte Garantieleistungen; "saubere" Produkte),

- Verantwortung gegenüber den Arbeitnehmern (Ausbildung, Umschulung, Beschäftigung von Arbeitslosen, Jugendlichen, Behinderten, keine Benachteiligung von Frauen, Gastarbeitern, Vorbestraften),

- Verantwortung gegenüber der Region (Bereitstellung von Transportmöglichkeiten; Sanierung von Stadtteilen; Schaffung von Erholungsgebieten),

- Verantwortung gegenüber der Gesellschaft (umweltfreundliche Beschaffungs-, Produktions- und Vertriebssysteme; Vermeidung von Luft- und Wasserverschmutzung sowie von Lärmbelästigungen, Recycling von Abfallprodukten).

Früher konnte sich der Privatunternehmer als relativ autonom handelndes Wirtschaftssubjekt begreifen. Auch der von ihm angestellte Manager sah seine einzige Verantwortung dem Eigentümer (Aktionär) gegenüber, und das bedeutete, nachhaltige Gewinne zu erwirtschaften. Diese Einstellung spiegelt sich in dem klassischen Ausspruch des ehemaligen Präsidenten von General Motors, Wilson, wider: "What is good for General Motors is good for the country." Und sie wird auch heute noch von dem Nobelpreisträger Milton Friedman vertreten. Er ist der Auffassung, daß die Ausübung sozialer Verantwortung das Management verleiten könnte, seine eigentlichen markt- und gewinnbezogenen Aufgaben zu vernachlässigen. Der Meinung bin ich nicht.

Die Zeiten haben sich geändert. Auch wenn der "Verlust von Ideen und Werten", den der französische Philosoph Jean Baudrillard konstatiert, "einen Wirrwarr von Meinungen, Gesellschafts- und Lebensmodellen" hinterlassen hat, darunter den Individualisierungstrend zum extremen Egozentriker - so bleibt unstrittig, daß auch die Mächtigen sich nicht nach Gutdünken zu Lasten der Gemeinschaft bereichern können. Der Einsatz von Kapital und Arbeit in den Unternehmen zum Zwecke der Leistungserstellung wird nicht mehr als Privatangelegenheit einiger weniger Kapitaleigner und Manager angesehen, sondern wegen der dabei ausgeübten wirtschaftlichen, sozialen und politischen Macht als ein Vorgang, der quasi öffentlich ist und alle angeht. Daraus folgt: Ethisch zu handeln, ist ein Gebot der wirtschaftlichen Vernunft!

Erst wenige Unternehmen haben ethische und moralische Standards zur Selbstbeschränkung des Managements bei der Ausübung wirtschaftlicher Macht formuliert. Zwar haben fast alle Großunternehmen Führungsgrundsätze und Führungsrichtlinien aufgestellt, die das Zusammenspiel von Weisung und Gehorsam regeln sollen; nach ethischen Leitlinien sucht man jedoch meist vergebens.

Ansätze in die richtige Richtung enthält das Davoser Manifest, das im Februar 1973 am Schlußtag des Dritten Europäischen Management-Symposiums in Davos verabschiedet wurde ("Die Unternehmensführung muß dem Kunden dienen... Sie muß für die zukünftigen Generationen eine lebenswerte Umwelt sichern... Das Management soll sein Wissen und seine Erfahrungen in den Dienst der Gesellschaft stellen... Der Unternehmensgewinn ist notwendiges Mittel, nicht aber Endziel der Unternehmensführung"). Auch Richtlinien, wie sie für eine vorwiegend ökologisch ausgerichtete Unternehmensführung vom Bundesverband Junger Unternehmer (1984), vom Bundesdeutschen Arbeitskreis für umweltbewußtes Management BAUM (1984) sowie vom Unternehmensverband Förderkreis future (1986) erarbeitet wurden, setzten Zeichen. Ihre Verbreitung blieb beschränkt.

Wir vom Josef Schmidt Colleg gehen mit unseren ethischen Grundsätzen über das hinaus, was den Unternehmen in der Vergangenheit an Leitlinien anempfohlen wurde. Unser Ziel ist es, die Bedeutung und Wichtigkeit einer zielorientierten Unternehmensführung sowie die Notwendigkeit einer effizienten Zeitplanung so vielen Unternehmen und Menschen wie möglich zu vermittelt. Selbstverständlich zum beiderseitigen Nutzen - das heißt, wir wollen auch Gewinne machen. Umsätze und Gewinne sind aber nicht unser vordergründiges Ziel. Hermann Josef Abs hat einmal gesagt, daß der Gewinn für ein Unternehmen zum Überleben so wichtig sei, wie für den Menschen die Luft zum Atmen, es aber traurig sei, wenn der Mensch nur auf der Welt wäre, um zu atmen, genauso wie es traurig wäre, ein Unternehmen nur zu führen, um Gewinne zu machen.

Wie gelingt es uns (und wie kann es anderen gelingen), ethische Grundprinzipien bei der Unternehmensführung zu verwirklichen, ohne den wirtschaftlichen Erfolg zu gefährden?

Dazu vorab drei Feststellungen von Pater Ziegler:

- "Der unternehmerischen Unternehmensethik fehlt oft eine genügende theoretische Grundlage."
- "Der universitären Unternehmensethik fehlt nicht minder häufig die Nähe zur Praxis."
- "Das Ziel wäre eine sowohl wissenschaftlich begründete als auch praxisbezogene und praxisnahe allgemeine Unternehmensethik."

Zu fordern wäre noch, daß diese Unternehmensethik beiden Hauptzielgruppen dient: dem Unternehmer ebenso wie dem Manager. Denn "Wirtschaftsethik" setzt andere Akzente als "Führungsethik".

Der Unternehmer ist mit dem Markt und der Konkurrenz konfrontiert; er findet oder erzeugt Nachfrage, paßt sich in Mengen/Preisen an; er tauscht, ist von den Tauschpartnern abhängig und hat normalerweise keine Dauerbeziehung zu ihnen. Im Unternehmen ist die Situation anders. Die Sozialbeziehungen sind weniger anonym; es gibt konkrete Menschen, die sich als dauerhafte Partner durch Verträge gebunden haben. Man kann den Tauschverkehr zwischen den Beteiligten nicht allein über Preise regeln, denn die Menschen, die miteinander zu tun haben, besitzen keinen (Tausch-) Wert, sondern Würde.

Ich denke, daß es uns gelungen ist, das Konzept für eine praxisnahe Unternehmensethik, das auch wissenschaftlich begründbar ist, zu entwickeln: nämlich mit dem Managementmodell UnternehmerEnergie. Es gelingt uns, "Wirtschaftsethik" und "Führungsethik" miteinander zu verknüpfen. Das Modell UnternehmerEnergie ist sozusagen "angewandte Ethik", für Unternehmer wie für Manager.

Ich habe 1994 120 Seminare und Vorträge zu Fragen der Unternehmensführung gehalten. Eine Fernsehanstalt bat mich, die Teile aufzunehmen, die sich speziell mit Unternehmensethik beschäftigen. Ich habe geantwortet, daß dies nicht möglich sei, denn das ethische Grundprinzip beherrsche meine gesamten Überlegungen. Für mich gelte der Satz: "Die philosophische Ethik ist die beste Grundlage für dauerhaften wirtschaftlichen Erfolg."

Denn worum geht es? Es geht um Ehrlichkeit, Redlichkeit, Zuverlässigkeit, Anständigkeit, Treue, Integrität, Demut, Mäßigung, Gerechtigkeit, Geduld, Bescheidenheit und nicht zuletzt um Menschlichkeit. Das sind keine verstaubten Ideale. Es sind die Merkmale ethischen Verhaltens. An sie hat Immanuel Kant gedacht, als er 1788 seinen berühmten "kategorischen Imperativ" formulierte ("Handle so, daß die Maxime deines Willens jederzeit zugleich als Prinzip einer allgemeinen Gesetzgebung gelten könne"), und an sie hat ein zeitgenössischer Philosoph gedacht, als er empfahl: "Handle so, daß Du Dein Handeln im Fernsehen vor der nationalen Öffentlichkeit begründen kannst!" Wir vom Josef Schmidt Colleg helfen Unternehmern und Managern, daß sie dabei eine gute Figur machen. Wie gelingt uns das?

Nun, indem wir ihnen das notwendige Rüstzeug vermitteln, damit sie vier Hauptaufgaben erfüllen können:

- Das Finden und Beschreiben der kurz-, mittel- und langfristigen Unternehmensziele.

- Die ökonomische Führung des Unternehmens in einer Weise, daß die gesetzten Ziele mit dem geringsten Aufwand erreicht werden.

- Die Auswahl und Führung der Mitarbeiter.

- Das Controlling im operativen wie strategischen Bereich.

Diese Hauptaufgaben sind wirklich nur dann zu erfüllen, wenn die genannten Merkmale ethischen Verhaltens realisiert werden, ohne Wenn und Aber. Wir steuern geradewegs auf einen Ethik-Kodex zu, wenn wir die folgenden Fragen, deren aufrichtige Beantwortung die Voraussetzung der Zielfindung und damit der Führung ist, betrachten:

- Welchen Unternehmenszweck verfolgen wir?

- Welchen Nutzen bieten wir mit unseren Geistleistungen?
- Welchen Nutzen bieten wir mit unseren Produkten?
- Welchen Nutzen bieten wir mit unseren Dienstleistungen?
- Was ist die Basis unseres Denkens und Handelns?
- Wie garantieren wir verbindlich, daß wir uns an unsere Wertvorstellungen auch halten?

Es ist sicher nicht ganz einfach, unter Umständen sogar schmerzvoll, in dieser Form Rechenschaft über sein unternehmerisches Tun abzulegen. Hier wird auch erkennbar, daß Ethik keine "Gefühlsduselei" ist. Ethik bildet die Grundlage für gute und richtige Entscheidungen; sie weckt die Kräfte und auch die Härte, um ein Unternehmen erfolgreich zu führen.

Wenn wir unsere "ethische Strategie" analysieren und praktizieren, dann entsteht etwas, das für das Leben und ganz besonders für die Unternehmensführung wichtig ist: nämlich Freude und Begeisterung. Das Führungsverhalten einer Führungskraft überzeugt immer dann, wenn es eine Vorbildfunktion für die nächste Ebene hat. Und Goethe hat uns gesagt, wie man das macht: "Behandle Menschen, wie sie sind, und sie werden schlechter. Behandle Menschen, wie sie sein könnten, und sie werden besser." Das ist für mich "angewandte Ethik" in ihrer vielleicht schönsten Form, weil ich die Würde des anderen respektiere, ihn "menschenwürdig" behandle. In der Praxis sieht das so aus:

- Führung bedeutet, mit Menschen, die man für geeignet hält, Ziele zu verwirklichen. Neue Ziele müssen vom Unternehmer gedanklich und planerisch so gut vorbereitet sein, daß es den Mitarbeitern leicht fällt, sie anhand eigener Pläne umzusetzen.

- Den Mitarbeitern muß die notwendige Zeit für die Realisierung der Ziele gelassen werden. Sie dürfen nicht ständig durch neue Ideen von der Umsetzung einmal gefaßter Beschlüsse abgehalten werden. Auch das hat mit Achtung ihrer Würde zu tun.

- Erst wenn die Ziele verwirklicht worden sind, werden neue vorgegeben. Dazu ist notwendig: Ideen sammeln, konkretisieren, abstimmen, ob sie als Jahresziele vorgemerkt oder sofort in Angriff genommen werden. Und immer geht es dabei um Ehrlichkeit, Redlichkeit, Zuverlässigkeit...

Darum geht es auch beim Controlling im operativen und strategischen Bereich, wenn Ziele und Abweichungen transparent gemacht und die Abweichungen in Fairneß in Erfolgspotentiale umgewandelt werden. Das dürfte noch immer die schwierigste Aufgabe des Vorgesetzten sein: zu kontrollieren, ohne zu herrschen, Autorität auszuüben, ohne zu bevormunden. Denn droht er mit Sanktionen, werden die Betroffenen nichts unversucht lassen, die Probleme zu verschleiern. Damit wird dem Unternehmen der Boden für die permanente Optimierung entzogen. Und das wäre ein Akt des Unethischen.

Auch Unternehmensethik hat zuallererst mit uns selbst zu tun, die Selbstverpflichtung beginnt beim Chef. Ein kleines Gedicht von Dale Wimbrow beschäftigt sich mit diesem zutiefst menschlichen Aspekt. Es heißt: "Der Mann im Spiegel".

Wenn du hast, was du willst, im Kampf um dich selbst
und die Welt dich für einen Tag zum König macht,
so stell dich vor den Spiegel und schau dich dort an
und sieh, was der Mensch dir zu sagen hat.
Es ist weder dein Vater, deine Mutter noch deine Frau, vor deren Urteil du bestehen mußt:
Der Mensch, dessen Meinung für dich am meisten zählt, ist der,
der dich aus dem Spiegel anschaut.
Einige Menschen halten dich für entschlossen und aufrecht
und nennen dich einen wundervollen Kerl.
Doch der Mann im Spiegel nennt dich einen Strolch,
wenn du ihm nicht offen in die Augen sehen kannst.
Auf ihn kommt es an, kümmere dich nicht um den Rest,
denn er ist bis ans Ende bei dir.
Du hast die schwierigste Prüfung bestanden,
wenn der Mann im Spiegel dein Freund ist.
Auf dem ganzen Lebensweg kannst du die Welt betrügen
und dir anerkennend auf die Schulter klopfen lassen;

doch dein Lohn werden Kummer und Tränen sein,
wenn du den Mann im Spiegel betrogen hast.

Nur wenn wir uns unbefangen in die Augen blicken können, werden wir die Dinge richtig und anständig machen. Wenn wir uns jedoch gegenüber unaufrichtig sind, verstricken wir uns immer tiefer in einen qualvollen Zustand, der uns vielleicht erst im Alter, wenn eine Kurskorrektur kaum noch möglich ist, bewußt wird (während die Mitmenschen Jahrzehnte zu leiden hatten). Denn auch das hat Goethe erkannt: "Tausend Lügen braucht es, um eine zu beschönigen."

Dieser Satz sei an die Adresse aller Egozentriker und Korrumpierten gerichtet, die sich rücksichtslos den Weg bahnen und mit ihren Verdrängungen und Gereiztheiten zu geistigen Umweltverschmutzern werden. Die Strophe aus einem alten Volkslied, die für mich zum Leitmotiv geworden ist, wird ihnen ewig ein Rätsel bleiben:

"Freude am Leben heißt Freude sich geben. Wer Freude verschenkt, ist in Wirklichkeit reich."

Ich, der ich seit mehr als 35 Jahren als Unternehmer und seit 20 Jahren als Managementtrainer tätig bin, glaube bewiesen zu haben, daß dieser ethische Leitgedanke nicht nur das beste Lebens- und Überlebensprinzip ist; er bildet auch und gerade für Unternehmer und Manager die Grundlage für andauernden wirtschaftlichen Erfolg.

"Eine Gesellschaft von Egoisten ist nicht überlebensfähig."

Frage: Alle Welt redet von Umweltverschmutzung. Gemeint sind aber nur stoffliche Dinge. Von geistiger Umweltverschmutzung spricht niemand. Ist die nicht genauso verheerend?

Schmidt: Aber sicher.

Frage: Was trägt denn zur geistigen Klimaverschmutzung bei?

Schmidt: Vor einiger Zeit waren noch die Verharmlosung des Rechtsradikalismus und die Verunglimpfung von Asylanten, aber auch Gewaltverherrlichung und Schmuddelsex im Fernsehen beherrschende Themen. Jetzt steht die Bereichungsmentalität von Politikern, Unternehmern und Managern im Blickpunkt.

Frage: Glauben Sie, daß Politiker, Manager und Medienleute eine Leitbildfunktion haben und verantwortlich für die geistige Hygiene in diesem Staate sind?

Schmidt: Ganz bestimmt. Was "die da oben" tun und bewirken, beeinflußt doch unser Verhalten, ob wir uns dessen bewußt sind oder nicht. Verantwortlich für den geistigen Zustand der Bundesrepublik sind wir aber alle.

Frage: Meinen Sie, daß Leute wie Max Streibl, der über die "Amigo-Affäre" stolperte, Lothar Späth, den eine von der Wirtschaft bezahlte Kreuzfahrt das Amt kostete, Eberhard von Brauchitsch, der als einstiger Flick-Berater die politische Landschaft mit illegalen Spendengeldern pflegte, Bernd Otto, der als Vorstandschef der Lebensmittelkette Coop Millionen veruntreute...

Schmidt: ...die Bestechungsaffäre bei Opel, die Steuerhinterziehungsaffäre im Hause der Tennisspielerin Steffi Graf...

Frage: ...zu einer Verwilderung der Sitten beitragen?

Schmidt: "Verwilderung der Sitten" ist mir zu hart. Aber die Hemmschwelle sinkt, es "denen da oben" gleichzutun.

Frage: Hans-Ludwig Zachert, der Präsident des Bundeskriminalamts, fürchtet, daß sich in Deutschland eine "Epidemie" ausbreitet. Ihr Name: Korruption. In Frankfurt bringen Staatsanwälte Hunderte von Korruptionstätern vor den Kadi, vom Müllmann, der die Hand aufhält, bis zum Bürgermeister, der sich schmieren läßt.

Schmidt: In unserer Gesellschaft scheint immer mehr erlaubt zu sein, wenn es nur das Ziel lohnt.

Frage: Ladendiebstahl, Schwarzfahren, die Manipulation von Spesenabrechnungen, die Ausstattung des privaten Heims durch einen Unterlieferanten - das alles sind Vorgänge, die längst nicht mehr überall als verwerflich gelten. Drohen uns italienische Verhältnisse?

Schmidt: Das hoffe ich nicht. Aber wir sind moralisch genauso anfällig wie jedes andere

Land. Die Politiker, aber auch die Manager müssen sich klarmachen: Je orientierungsloser die Gesellschaft in vielen Bereichen ist, desto größer ist ihre Verantwortung für das geistige Klima. Sie sind die Multiplikatoren für die unterschiedlichsten Strömungen. Da muß jede Handlung und Unterlassung sorgfältig überlegt sein. Politiker und Manager sind Bürger wie du und ich, aber ihre exponierte Stellung verpflichtet sie zu verstärkter Selbstkontrolle.

Frage: Nun behaupten ja manche, die Medien würden die Ereignisse aufbauschen, Probleme überpointieren, andere unter den Tisch fallen lassen und so ein schiefes Bild vermitteln. Nicht die Handelnden seien zum Beispiel an der Politikverdrossenheit schuld, sondern diejenigen, die darüber berichten. Der Bundeskanzler hat ja sogar schon über Zensur nachgedacht.

Schmidt: Ich denke mal, daß die Medien die Themen in aller Regel nicht erfinden. Wir leben im Zeitalter der Information. Da wird vieles - sogar weltweit - offengelegt, was früher nie bekannt wurde.

Frage: Aber ist die Presse nicht überwiegend an Skandalen interessiert?

Schmidt: Sicher wird auch verzerrt dargestellt. Aber die Medienlandschaft ist vielfältig und facettenreich. Wer sich angemessen informieren will, benötigt allerdings Zeit und einen klaren Kopf. Aber mir ist ein Übermaß an Information lieber als ein Defizit oder gar Zensur. Die Informationsflut läßt sich mit einer vernünftigen Zeitplanung in den Griff bekommen. Ein Energieplan könnte zum Ziel haben: Wie informiere ich mich so, daß ich die für meine Arbeit (und mein Vergnügen) wichtigen Fakten kenne?

Frage: Also ein Bekenntnis zur Pressefreiheit, selbst wenn zuweilen auch aus dieser Ecke die Umwelt geistig verschmutzt wird?

Schmidt: Ganz klar. Nur was das Fernsehen betrifft, scheint mir eine Einschränkung notwendig zu sein. Werbung, Gewalt und Sex als dominierende Elemente der Unterhaltung sind mir drei Formen "geistigen Terrors" zuviel, besonders was ihre Langzeitwirkung auf Kinder angeht. Ich glaube, daß der Kampf um Einschaltquoten zu einer bedenklichen Verflachung des Programmangebots führt. Da wird auf der Ebene des kleinsten gemeinsamen Nenners konkurriert. Und damit beginnt die geistige Verschmutzung. Die öffentlich-rechtlichen Rundfunkanstalten wollen mit den Einschaltquoten der Privaten mithalten - und lassen sich von deren seichten Produkten in den Sumpf ziehen. Dabei haben sie doch einen Grundversorgungsauftrag, und zu dem gehört meiner Ansicht auch, daß in diesem Staat eine gewisse geistige Hygiene gewahrt bleibt. Bei den Presseerzeugnissen kann ich nach meinem Geschmack auswählen, da herrscht Vielfalt. Im Fernsehen bekomme ich bald überall den gleichen Schrott vorgesetzt.

Frage: Spiegelt das Fernsehen nicht ziemlich genau unsere gesellschaftliche Befindlichkeit wider: Das eigene Interesse rangiert vor dem

Gemeinwohl, Gewalt gibt es in allen Spielarten, Konsumterror beherrscht Werbung und Gameshows?

Schmidt: Ein Verlust an Mitmenschlichkeit ist leider festzustellen. Dennoch meine ich nicht, daß schrankenloser Egoismus oder gar Verrohung typisch für unsere Zeit sind.

Frage: Manche meinen, sie seien *das* Zeichen unserer Zeit. Der Literat Hans Magnus Enzensberger stellte die These auf: Der "gehegte Krieg", der auf regulierte Weise mit Truppen geführte Krieg zwischen Nationen, sei eine vorübergehende Zivilisationsleistung der vergangenen zwei Jahrhunderte. An seine Stelle sei der ältere Krieg aller gegen alle getreten, der gegenwärtig als Bandenkrieg in den Städten, als Bürgerkrieg in der Dritten Welt und als Nachbarschaftskrieg in U-Bahnen, Supermärkten und Hausgemeinschaften stattfinde.

Schmidt: Das ist eine zutiefst pessimistische, ich möchte sagen, "schmutzige" Sichtweise.

Frage: Ist Enzensberger, immerhin einer der angesehensten Intellektuellen in diesem Lande, ein geistiger Umweltverschmutzer? Er schreibt: "Wir machen uns etwas vor, wenn wir glauben, es herrsche Frieden, nur weil wir noch immer unsere Brötchen holen können, ohne von Heckenschützen abgeknallt zu werden."

Schmidt: Das ist hoffentlich nur die Weisheit des gehobenen Stammtischs. Solche Thesen stiften mehr Schaden als Nutzen. Richtig ist gleichwohl: Für Mitmenschlichkeit scheint in der Gesellschaft immer weniger Platz zu sein; im Großen, aber oft auch im Kleinen, in unserem unmittelbaren Lebensumfeld, wo jeder etwas tun kann.

Frage: Im "Kleinen" beweisen Sie das mit Ihrer Hilfsaktion für mukoviszidosekranke Kinder. Im Großen könnte das leider auch bedeuten: Im Begriff "Soziale Marktwirtschaft" stimmt "sozial" nicht mehr. Die Vereinigung der beiden Deutschlands macht das deutlich: Da wächst nichts, da wuchert etwas zusammen.

Schmidt: Ja. Weil von allen Opfer verlangt werden.

Frage: Glauben Sie, daß der Kapitalismus, so effizient er bisher war, eine Haltung produziert hat, die nur die Habgier kennt, also eine nach unserem Verständnis "schmutzige" Haltung?

Schmidt: Früher hieß das Motto ehrbarer Kaufleute: Leben und leben lassen! Das soll sagen: Wenn es mir gutgeht, soll es anderen nicht schlecht gehen. Heute lautet die Devise oft: Hauptsache ich lebe, je mehr auf der Strecke bleiben, um so besser für mich. Das ist völliger Unsinn. Mein ganzes Lehrwerk kreist um den Gedanken, wie ich den Nutzen für meine Umwelt mehren kann. Und die Unternehmer beweisen das: Dauerhafter Erfolg ist nur dann möglich, wenn ich mich bei meinen Kunden unentbehrlich mache, nicht wenn ich sie ausnutze.

Frage: Dennoch werden große Teile der Bevölkerung von der ungenierten Hinwendung zur

Bedürfnisbefriedigung beherrscht, inklusive vieler Manager, die leider die Möglichkeit haben, diese Haltung besonders destruktiv auszuleben. Müssen Sie nicht den Grundgedanken des Nutzenbietens fast gebetsmühlenartig wiederholen, um wenigstens einige von ihnen zu erreichen?

Schmidt: Ich muß meine Kunden, vor allem mittelständische Unternehmer, vor dem Bild, das Sie zeichnen, in Schutz nehmen. Die meisten von ihnen sind vorbildliche Unternehmerpersönlichkeiten. Die geistige Umweltverschmutzung, von der wir hier sprechen, geht zuallerletzt von ihnen aus.

Frage: Ich denke auch mehr an die angestellten Manager in den Konzernen, die dem süßen Gift der Korruption erliegen.

Schmidt: Es gibt auch andere Manager. Sie überdenken ihre Arbeit, ziehen ein kritisches Resumee ihres bisherigen Berufslebens, um daraus für die Zukunft zu lernen. Das Lehrwerk UnternehmerEnergie mit seinen umfangreichen Checklisten zur Selbstanalyse hilft ihnen dabei. Glauben Sie etwa, daß es Unternehmer gibt, deren persönliches Lebensziel anschließend lautet: Erfülle deine Wünsche um fast jeden Preis, egal wer darunter zu leiden hat?

Frage: Brauchen wir eine neue Ethik?

Schmidt: Wir brauchen keine "neue" Ethik, wir müssen uns nur die ethischen Grundsätze, die wir alle kennen, von Zeit zu Zeit wieder vergegenwärtigen, um zu begreifen, daß wir als eine Gesellschaft von Egoisten nicht überlebensfähig sind.

Frage: Hans-Olaf Henkel, der Präsident des Bundesverbandes der Deutschen Industrie, fordert einen Verhaltenskodex für Manager. Wie kann ein solcher Kodex durchgesetzt werden?

Schmidt: Die Firmenleitungen können klare Regeln aufstellen. Wer gegen die verstößt, muß schlimmstenfalls mit fristloser Kündigung rechnen. Auch heute schon kann zum Beispiel die Manipulation von Spesenabrechnungen mit Kündigung geahndet werden.

Frage: Das ist aber nur ein Herumdoktern an Symptomen.

Schmidt: Richtig. Ich denke, wir müssen zweigleisig vorgehen. Erstens auf der Ebene der Unternehmensführung: Wer hier die vier Hauptaufgaben meines Managementmodells umsetzt, erfüllt automatisch auch höchste ethische Prinzipien. Zweitens auf der Ebene der Ideen und Visionen: Hier werden die Unternehmensphilosophie, die Unternehmensgrundsätze und der Ethik-Kodex schriftlich fixiert und damit für alle verbindlich gemacht. Beides sollte uns die Gewißheit geben, den richtigen Weg eingeschlagen zu haben.

Managerprofil des Jahres 2000

Der Manager der Zukunft liebt den Wechsel, die Veränderung auch in seiner eigenen beruflichen Tätigkeit.

Er will weitgehend selbständig arbeiten, ohne Eingriffe von oben und außen.

Er wünscht mehr Verantwortung.

7. Kapitel

Management vom Feinsten

Wege zu einer zukunftsorientierten Unternehmensführung

Leben bedeutet Wandel. Natürlich muß in der Welt (in "meiner Welt") Stabilität herrschen und das Wertvolle erhalten bleiben, doch zustande kommt das letztlich erst durch stetes Werden und Vergehen, durch kontinuierliche Veränderung.

Diesen Satz kennt jeder: "Nichts ist beständiger als der Wandel." Wandel führt, wenn wir ihn richtig vorantreiben und uns zugleich von ihm treiben lassen, zu persönlichem und wirtschaftlichem Erfolg. Und den wollen wir. Wir wollen und brauchen auch und vor allem wirtschaftlichen Erfolg. Und dieser müßte vom Management verursacht werden. Doch liegt dort vieles im argen: im Management werden die größten Fehler gemacht.

Wir erleben derzeit den rasantesten und tiefgreifendsten Strukturwandel der Menschheitsgeschichte. Aber bergen nicht gerade schwierige Zeiten große Chancen? Haben wir uns schon intensiv genug mit dem "Guten im Schlechten" beschäftigt? Mit der Krise als Ansporn, als Appell zu einem neuen Aufbruch?

Das Gute am Strukturwandel ist, daß er Leidensdruck erzeugt und damit eine größere Bereitschaft zum Wandel. Einen Großteil der Probleme, mit denen wir noch zunehmend konfrontiert werden, haben wir durch versäumten Wandel selbst herbeigeführt. Ich zitiere noch einmal meinen Lieblingssatz: "Leben können wir nur in der Gegenwart und zwar von Leistungen der Vergangenheit, die wir erdacht und geplant haben, als die Gegenwart noch Zukunft war." Das aber bedeutet: Die momentane Situation wurde von uns mitverursacht. Nun gilt es zu verändern, Neues und Wirksames zu tun, den Wandel, der so oder so auch ohne unser Zutun stattfindet, zu unserem und anderer Menschen Vorteil zu nutzen.

Natürlich können wir die Dinge auch laufen lassen, reagieren statt zu agieren. Wir werden dann aber in immer kürzeren Zeitabständen feststellen, daß wir wieder eine Menge versäumt haben - bis es ganz zu spät ist. Es darf uns nicht passieren, weder privat noch im Betrieb, daß wir sagen müssen: Die, die wir sind, grüßen traurig jene, die wir sein könnten.

Wir müssen Veränderungen bewirken. Diese Veränderungen möchte ich unter vier Aspekten betrachten:

1. Was heißt Management (vom Feinsten)?
2. Ist Wissen ein Erfolgsfaktor?
3. Wege zum Erfolg in kritischen Zeiten.
4. Erfolge verursachen für die Zukunft.

Was heißt Management (vom Feinsten)?

Für Unternehmer und Manager ist das eigentlich eine Kinderfrage. Dennoch lohnt es sich, sie zu stellen, und sei es im Sinne der Erkenntnis Platos: "Für uns als Lehrende ist es schon sehr viel wert, das wieder hochzubringen, was die meisten von uns schon wissen."

Also fragen wir uns: Was heißt Management? In einfachster Form heißt das: Erfolge realisieren.

Oder etwas komplizierter: Zielorientiertes Vorgehen, das eine im Ziel festgelegte Wirkung hat.

Oder ganz modern: Energiefelder entstehen lassen, die eine wirkungsvolle Eigendynamik entwickeln.

Oder sehr sympathisch mit den Worten Robert MacNamaras: "Das Management ist die schöpferischste aller Künste; es ist die Kunst, Talente richtig einzusetzen."

Fragen wir uns aber auch, damit die Antwort möglichst pragmatisch ausfällt, was Erfolg im Management bedeutet. Und da gefällt mir diese Antwort am besten: "Erfolg ist der Grad der Zielerreichung, den wir uns vorgenommen haben." Denn das setzt eine Strategie voraus, so daß wir sagen können: Erfolgreiche Unternehmer und Manager sind Menschen, die dank ihres Instinkts, ihrer Erfahrung und geeigneter Instrumente erkennen, welche Veränderungen in welchem Zeitraum eintreten, mitgestaltet und/oder genutzt werden können, kurz: die den Strukturwandel in Gedanken und durch Taten vorwegnehmen.

Das sind mit Sicherheit nicht Menschen, die morgens aufstehen, die Ärmel hochkrempeln, "p, w, w" murmeln, was bedeuten soll "packen wir's wieder", und loslegen. Denn das ist genau der Typ, der am Abend unglücklich ist, weil wieder mal nicht eingetreten ist, was hätte geschehen sollen. Und der dann jammert. Aber Jammern - ich habe das in diesem Buch schon ausführlich beschrieben - ist immer Ausdruck von Unfähigkeit. Im schlimmsten Fall, wenn ein Tag nicht wie erhofft verlaufen ist, kann ich mir vielleicht sagen: Mach dir den Tag doch niemals schwerer, ist er nicht Freund, so ist er Lehrer. Um dann mit etwas mehr Kalkül und neuem Mut zur Tagesordnung überzugehen.

Es ist ein ganz wichtiger Erfolgsfaktor, sich am Morgen zu überlegen: Was tue ich heute, damit dieser Tag ein glücklicher und erfolgreicher Tag wird? Und was hindert mich daran, am Montagmorgen die Frage zu stellen: Was tue ich ab sofort, damit diese Woche eine glückliche und erfolgreiche Woche wird? Und was hindert mich am Monatsanfang daran, eine klare Planung zu machen und dabei die Frage zu beantworten: Was tue ich diesen Monat, damit dieser Monat ein glücklicher und erfolgreicher Monat wird? Und so kann ich mir die gleiche Frage für das Jahr, ja sogar das Leben stellen.

Mancher mag jetzt einwenden, daß es vielleicht doch etwas verrückt und gar kindisch sei, das ganze Leben zu verplanen. Der kluge George Bernard Shaw immerhin hat gesagt: "Was wir brauchen, sind ein paar Verrückte. Wir haben ja gesehen, wohin uns die Vernünftigen gebracht haben." (Und dabei hat er auch an die Wirtschaftsführer gedacht.) Der große Picasso hat auf dem Gipfel seiner Schaffenskraft, nämlich mit 70 Jahren, gemeint: "Es dauert oft lange, bis wir jung werden."

Diese Art von (reifer) Jugend ist heute unverzichtbar. Jungsein bedeutet nämlich für mich vor allem: Scheuklappen abzulegen, Herausforderungen anzunehmen, neue Methoden auszuprobieren (gerade auch der Zeitplanung), die Strukturen sowohl in unseren Köpfen als auch in unseren Organisationen zu hinterfragen, Ballast abzuwerfen und - nicht zuletzt - wieder das Staunen zu lernen, um für den Strukturwandel offen zu werden.

Die alten Philosophen wußten: "Mit dem Erstaunen beginnt die Weisheit." Und diese Weisheit, die ein Kind der Unbefangenheit ist, brauchen die Manager. Dann werden sie verstehen, daß nicht die Großen die Kleinen fressen, sondern die Klugen die Dummen, die Freundlichen die Unfreundlichen, die Unbekümmerten die Bedächtigen, die Verrückten die Normalen und die Jungen die Alten (wobei Jugend keine Frage des Alters ist). Das gilt in Deutschland wie in Österreich, in den USA wie in Japan. Und viele, die mit meinem Lehrwerk Unternehmer-Energie arbeiten, beweisen das auf eindrucksvolle Weise.

Ist Wissen ein Erfolgsfaktor?

Auch das scheint auf den ersten Blick eine Kinderfrage zu sein. Ohne Wissen könnten wir nicht existieren. Aber Wissen an sich genügt nicht. Es muß das richtige Wissen sein.

Ich wurde einmal aus gegebenem Anlaß gefragt, warum ich mit meinem Institut Erfolg habe. Meine Antwort bestand aus mehreren Punkten, nämlich daß

- ich mir schon frühzeitig nicht nur meine Wissensschwerpunkte, sondern auch meine Wissensdefizite bewußt gemacht habe;

- ich mir aufgrund dieser Tatsache eine besondere Lernhaltung angeeignet habe;

- ich bei der Anwendung der Lerninhalte erkannte, daß ich nicht einfach nur Wissen, sondern spezialisiertes Wissen brauche, und daß schließlich

- wir vom Josef Schmidt Colleg nichts anderes tun, als mit spezialisiertem Wissen anderen zu helfen, ihre Managementaufgaben erfolgreich zu bewältigen (Mittelpunkt ihrer Arbeitswelt zu sein). Denn auch das stellte ich fest: 95 Prozent der Menschen, die im Management anzutreffen sind, beherrschen nicht das Einmaleins der Führung.

Das ist mein "Erfolgsgeheimnis". Denn eines vor allem habe ich gelernt: Es nützt uns als Unternehmer und Manager alles Wissen dieser Welt nichts, wenn wir nicht das spezialisierte Handwerkszeug des Managements kennen und anwenden.

Es gibt in den USA eine Bibliothek, in der so viele Bücher stehen, daß ein Mensch, der nur Titel und Vorworte auswendig lernen wollte, 250 Jahre alt werden müßte. Er wäre anschließend wohl sehr gebildet, anzufangen wäre mit ihm aber dennoch nicht viel. Als Unternehmer und Manager benötigen wir das Spezialwissen für die zwei entscheidenden Bereiche: die Planung der Ziele und den Umgang mit den Menschen, die diese Ziele in der Praxis verwirklichen. Wir brauchen spezialisiertes Wissen. Und dieses Wissen ist, richtig angewendet, eine Macht, durch die wir unschlagbar werden.

Eine Macht kann es allerdings nur werden, wenn wir noch folgende Bedingungen erfüllen:

- Wir müssen die Produktivität der Kopfarbeit steigern nach der Devise "Wertzuwachs entsteht aus Produktion und Innovation".

- Wir benötigen auf allen Ebenen des Unternehmens Wissensarbeiter, denn sie sind die Produzenten der Zukunft.

- Wir müssen die Wissensarbeiter von Nebentätigkeiten befreien.

- Wir müssen uns mit größtem Nachdruck der Frage widmen: Wie behandeln wir unsere Kunden, um deren Erwartungen zu erfüllen, nämlich kompetent, schnell und zuvorkommend bedient zu werden?

Erfüllen wir diese Forderungen, dann kann das Ergebnis eigentlich nur Erfolg sein. Fragen wir uns also: Haben wir das spezialisierte Wissen, um anderen Menschen so zu dienen, daß wir dabei - zu Recht und guten Gewissens - selber "verdienen" können? Damit komme ich zum nächsten Punkt.

Wege zum Erfolg in kritischen Zeiten.

In den Zeiten des Strukturwandels sind Probleme und Hindernisse nicht dazu da, verdrängt, sondern um analysiert und gelöst zu werden. Wir müssen Entwicklungen erkennen, sie aber auch anschieben, Trends folgen und Trends setzen. Das ist gewiß nicht immer einfach. Wir brauchen dazu ein "fehlerfreudiges" (nicht "fehleranfälliges") Management, das Mängel erkennt und anerkennt und durch einen Prozeß der ständigen Optimierung (der oben zuletzt genannten Forderungen etwa) eliminiert - aber auch nur um anschließend aus abgehobener Warte noch besser zu verstehen, was noch besser gemacht werden kann.

Die schonungslose selbstkritische Analyse ist notwendig. Ich habe an anderer Stelle schon geschrieben, daß ein Management, das den Schmerz der Analyse erträgt, auch die Zukunft meistern wird. Die Analyse deckt nämlich auf, daß im Unternehmen zuweilen auch "chaotische Verhältnisse" herrschen.

"Chaos" ist ein Modebegriff; ich mag ihn eigentlich nicht besonders. Ich spreche lieber von Unvorhergesehenem oder Unplanbarem. Andererseits hat der Begriff auch seine Berechtigung. In der Mathematik beschäftigt sich eine ganze Fachdisziplin, die Chaostheorie, mit nichtlinearen, chaotischen Prozessen. Umgangssprachlich ist der Ausdruck eher negativ besetzt ("Chaos-Tage").

Unternehmer und Manager sollten jedoch wissen, und diese Erkenntnis verdanken wir der Chaostheorie, daß ein hochkomplexes soziales Gebilde wie ein Unternehmen voller Überraschungen steckt und immer wieder Zustände eintreten, die nur schwer zu beherrschen sind; die mag man chaotisch nennen oder nicht.

Denn grundsätzlich gilt: Alles Lebendige, auch ein Unternehmen, strebt nach Wachstum. Und alles, was wächst, stößt irgendwann im Laufe der Entwicklung an Grenzen der Belastbarkeit. Das ist normal. Und dieser Zustand besitzt chaotische Züge, und zwar solange, bis eine Neuorientierung stattgefunden hat. Dabei ist es egal, ob es sich um ein ganzes Unternehmen, eine bestimmte Abteilung oder eine Idee handelt. Auch ein Denkprozeß durchläuft chaotische Phasen. Und der Strukturwandel, den die Menschheit derzeit durchmacht, besitzt ebenfalls Merkmale eines solchen "determinierten Chaos".

Wie können wir lernen, mit solchen Zuständen fertig und im Unternehmen und am Markt chaosfähig zu werden?

Dazu möchte ich erst einmal Beispiele nennen, die im Unternehmen zum Chaos führen können.

- Das Ziel ist nicht eindeutig oder allen klar. Wenn das der Fall ist, entstehen Nebenziele (jeder verfolgt eigene Interessen). Ursache: Mangelnde Kommunikation über gemeinsame Ziele.

- Es sind keine Ziele vorhanden. Ursachen: - noch problemlose Märkte, - fehlende und vermeintlich fehlende Zeit des Managements für strategische Planung, - starkes Traditionsbewußtsein nach dem Motto: "Es wird irgendwie schon klappen, bisher ging es ja immer!", - die Meinung, daß Planung die Flexibilität einschränkt nach der Devise "Erstens kommt es anders und zweitens als man denkt!" (Wilhelm Busch).

- Ziele, die zwar klar formuliert, bekanntgegeben und akzeptiert, aber nicht eingehalten werden. Es entstehen ständig neue Ziele; das sind Nebenziele, die man sogar als bösartige Ziele bezeichnen kann. Ursache: Mögliche Prägung der Führungskräfte; die ist schwer zu erkennen und sehr gefährlich.

- Die Annahme, bei jeder günstigen Gelegenheit zuschlagen zu müssen. Sie hält die Führungskräfte von der Umsetzung der geplanten Ziele ab. Zwar muß das auch möglich sein, aber die Ausnahme bleiben. Ursache: Hier macht sich der Raubinstinkt bemerkbar (siehe auch Kapitel 1).

- Mangelnde Sorgfalt bei der Besetzung wichtiger Positionen. Die Hierarchieebenen konkurrieren, verfolgen Herrschaftsinteressen. Ursache: Unklare Führung.

- Demotivation der Mitarbeiter durch die Vorgesetzten. Folgen: - das "Humankapital" wird zu einem gefährlichen Kostenfaktor, - die Mitarbeiter erreichen nicht ihre Bestleistungen, - die Mitarbeiter sind gekränkt und werden krank, - die Mitarbeiter wissen nicht, woran sie sind, und vollziehen die innere Kündigung, - die Mitarbeiter prägen vorsätzlich oder unbeabsichtigt das (schlechte) Image der Firma in der Öffentlichkeit.

Das alles sind Symptome des Chaos.

Was hindert uns daran, diese Symptome frühzeitig zu diagnostizieren, sie ernst zu nehmen und nach den Gründen zu forschen? Manche sagen, das sei alles nur Theorie. Im Leben scheint vieles theoretisch. Die Theorie (auch die Chaostheorie) wird praktikabel und pragmatisch, wenn sie sinnvoll angewendet wird. Wir brauchen die Theorie, und wir brauchen den Pragmatismus. Den reinen Theoretikern rate ich immer zu etwas mehr intellektueller Bescheidenheit. Und jenen, die sich gern als Pragmatiker bezeichnen, stelle ich die Frage, ob das nicht nur eine vornehme Umschreibung für "Durchwurschtler" sei. Und nun zum vierten Punkt.

Erfolge verursachen für die Zukunft.

Jetzt werde auch ich ganz pragmatisch, aber aufgrund einer vernünftigen Theorie. Auch wenn ich mich wiederhole: Um ein Unternehmen erfolgreich zu führen, müssen wir uns ein langfristiges, ein mittelfristiges und ein kurzfristiges Unternehmensziel setzen, wobei sowohl das mittelfristige als auch das kurzfristige Ziel vom langfristigen abgeleitet werden. Nur das langfristige Unternehmensziel ermöglicht es, spezialisiertes Wissen zu erlangen, das zum spezialisierten Tun führt. Die folgenden Fragen zum langfristigen Unternehmensziel ergänzen den Fragenkatalog von Kapitel 4; sie machen - ganz pragmatisch - deutlich, daß die Selbstanalyse, mit der alles anfängt, zuweilen unbequem sein kann:

- Welche Werte und welchen Nutzen bieten wir mit unseren Produkten und Dienstleistungen?

- Welche zentralen Probleme unserer Kunden lösen wir damit besser als unsere Mitbewerber? Und zwar wie?

- Was tragen wir zur Bedürfnisbefriedigung/ Problemlösung der Gesellschaft bei?

- Haben wir besondere Fähigkeiten zur Bedürfnisbefriedigung/Problemlösung? Wie wirken sich diese aus? Welchen Zielgruppen konnten wir bisher Außergewöhnliches bieten?

- Wie nutzen wir sonst noch unsere besonderen Fähigkeiten?

- Welche Erfolge brachte uns das? Bauen wir unseren Vorsprung aus?

- Welche Nachteile oder Schäden entstünden, wenn unser Unternehmen nicht mehr existieren würden? Für unsere Zielgruppe, für die Mitarbeiter?

- Stellen wir für unsere Kunden hinsichtlich Zuverlässigkeit einen besonderen Wert dar?

- Können wir behaupten, daß unsere Unternehmensführung auf Anständigkeit beruht? Haben wir so etwas wie einen Ethik-Kodex, nach dem sich alle in der Firma richten?

- Gehen wir auf die Wünsche unserer Kunden ein? Berücksichtigen wir die Veränderungen ihrer Bedürfnisse?

- Lassen wir uns bei der Lösung von Problemen

in der Branche von anderen übertreffen? Sind andere "besser" als wir?

- Spielt bei der Festlegung der Ziele auch das Wohl der Mitarbeiter eine Rolle?

- Welche Auswirkungen haben unsere Ziele auf die Umwelt?

- Wie ist das Image, der Sympathiewert des Unternehmens?

- Was wollen wir in 25 Jahren (oder einer anderen Zeitspanne) erreicht haben?

- Welche Position am Markt und welchen Ruf wollen wir dann haben?

Zeitplanung beginnt nicht mit der Einteilung des Tages. Effektive Zeitplanung beginnt immer mit der Langfristplanung. Es ist nicht möglich, eine Aussage über ein Detail zu treffen, wenn das Gesamtwerk unbekannt ist. Auch hier können wir Goethe folgen, der gesagt hat: "Gegenüber der Fähigkeit, die Arbeit eines Tages zu ordnen, ist alles andere im Leben ein Kinderspiel."

Ich sehe meine Aufgabe darin, Unternehmern und Managern die tägliche Arbeit zu erleichtern (und ihnen alles, was darüber hinausgeht, zum "Kinderspiel" zu machen), indem ich ihnen das spezialisierte Wissen für ein strategisches Management vermittle. Wenn ich von strategischem Management spreche, dann meine ich damit eine zukunftsorientierte Unternehmensführung, die sich auch den Strukturwandel zunutze macht. Strategisches Management - das ist für mich ein zielorientiertes Vorgehen, das eine im Ziel festgelegte Wirkung hat. Das bedeutet wiederum nichts anderes, als daß unser Streben von Erfolg gekrönt ist. Ich bezeichne das auch als "Management vom Feinsten".

"Wir erleben einen Strukturwandel ohnegleichen."

Frage: Alles wandelt sich?

Schmidt: Wir bewegen uns auf einen Jahrhundertwechsel zu, auf eine Zeitwende. Entsprechend groß sind die Erwartungen, Wünsche und Hoffnungen.

Frage: Auch die Befürchtungen?

Schmidt: Die Zeiten werden turbulenter. Die Manager der Wirtschaft wissen das längst und kämpfen entsprechend hart, und der Normalbürger spürt es auch. Das Jahrzehnt, in dem wir leben, ist wohl mit keinem anderen vergleichbar. Wir erleben einen Strukturwandel ohnegleichen, wobei wir schon jetzt unter dem Eindruck des Jahrhundertwechsels stehen. Der hat die Menschen auch früher schon beunruhigt.

Frage: Es ist ja sogar ein Jahrtausendwechsel. Wie ein Gespenst wirkt derzeit aber wohl vor allem der Strukturwandel?

Schmidt: Die dritte industrielle Revolution, an deren Ende vermutlich nur noch qualifizierte Fachleute auf dem Arbeitsmarkt eine echte Chance haben, ist in vollem Gang. Produktivitätszuwachs garantiert zwar immer noch Wirtschaftswachstum, aber nicht unbedingt neue Arbeitsplätze. Der Bedarf an Geistleistungen nimmt dagegen enorm zu. Schon heute können wir feststellen, daß nicht nur in Dienstleistungsunternehmen, sondern auch in produzierenden Unternehmen über die Hälfte der Tätigkeiten aus "Kopfarbeit" besteht. Ich behaupte, daß das kommende Jahrhundert die Zeit der Geistleister sein wird.

Frage: Mit fatalen Folgen für alle die, die nicht entsprechend qualifiziert sind?

Schmidt: Die Probleme, die auf uns zukommen, sind groß und zum Teil nicht absehbar. Dennoch glaube ich, daß das nächste Jahrhundert in vielen Bereichen so sein wird, wie wir es vorbereiten und gestalten. Die Qualität unserer Ziele bestimmt die Qualität unserer Zukunft. Das bedeutet, daß wir schon heute die Verantwortung für die Zukunft übernehmen müssen. Und das bedeutet auch, daß wir uns immer höher qualifizieren müssen.

Frage: Welche Veränderungen sind denn absehbar?

Schmidt: Die Industriegesellschaft wandelt sich zur Informationsgesellschaft, die Nationalökonomie wird von der Weltwirtschaft abgelöst, die Elektronik wird immer mehr auch unser Privatleben beherrschen, Hierarchien flachen sich ab, und Netzwerke entstehen.

Frage: Und um das alles zu begreifen, brauchen wir mehr Bildung?

Schmidt: Wir müssen damit umgehen lernen, innerhalb und außerhalb der Unternehmen. Wir müssen im Kopf beweglich werden.

Frage: Was wird sich speziell für die Manager ändern?

Schmidt: Sie müssen sich darauf einstellen, daß der Wandel auch in Zukunft schnell vonstatten geht. Sie müssen klare Ziele haben, diese aber - und das wird anders als in der Vergangenheit sein - mit mehr Flexibilität verfolgen. Der Erfolg wird in mancher Hinsicht mehr noch als bisher vom Management abhängen. Das Management ist mehr denn je eine Dienst- und Geistleistung, und es ist kein Privileg. Vom Erfolg verwöhnte Menschen oder vermeintlich erfolgreiche, sind besonders gefährdet. Wir brauchen schon heute zur Vorbereitung auf das nächste Jahrhundert ein Elite-Management in Elite-Unternehmen.

Frage: Das müßte dann das Kunststück fertigbringen, für die Opfer der elektronischen Revolution Arbeit zu beschaffen?

Schmidt: Der Manager der Zukunft ist ein Geistleister. Zur Vorbereitung der Zukunft braucht er Visionen. Er muß ein breiteres Leistungsspektrum besitzen als bisher. Er muß über den Tellerrand hinausblicken. Das gilt bei der Schaffung von Arbeitsplätzen, aber gleichwertig auch beim Schutz der Umwelt.

Frage: Und wie kann er das lernen?

Schmidt: Eine meiner Thesen, die ich seit neuestem propagiere, lautet: "Kreativität und Phantasie entstehen durch den Dialog." Der Manager muß seine unternehmensspezifische Engstirnigkeit und seine fachspezifische Idiotie überwinden, indem er in den Dialog mit Menschen anderer Berufe, Herkunft, Bildung, Rassen eintritt. Er muß, auch wenn es die Zeit kaum erlaubt, in wenigstens einem Verein tätig sein, vielleicht sogar ein öffentliches Amt ausüben (in der Schweiz wird das von Topmanagern seit jeher verlangt). Er braucht weitläufige Bekannte, die er von Zeit zu Zeit anrufen und fragen kann: Na, gibt es etwas Neues? Kurz: Er muß alles tun, seinen Horizont zu erweitern, und am besten dafür geeignet ist der Dialog.

Frage: Sie geben dem Manager seit jüngstem noch einen anderen Wegweiser für die Zukunft an die Hand, den Ethik-Kodex. Was hat es damit auf sich?

Schmidt: Der Ethik-Kodex ist die Richtschnur für alle Mitarbeiter, um täglich und stündlich gute und richtige Entscheidungen treffen zu können. Wir vom Josef Schmidt Colleg haben unseren Ethik-Kodex sogar vom Notar zertifizieren lassen, so wie andere sich die Erfüllung der ISO-Norm 9000 oder des Ökoaudits zertifizieren lassen. Der Ethik-Kodex ist meiner Ansicht nach der stärkste wirtschaftliche Erfolgsfaktor: Er verbessert die Wettbewerbsfähigkeit, denn er garantiert, daß der Kunde in der bestmöglichen Form mit Produkten, Dienst- und Geistleistungen versorgt wird.

Frage: Und er hilft, die Zukunft zu bewältigen?

Schmidt: Sicher. Wenn wir uns ganz und gar in den Dienst des Kunden stellen, dann bewältigen wir als Unternehmer auch die Zukunft. Es geht immer um die Zukunft.

Managerprofil des Jahres 2000

Der Manager der Zukunft entwickelt ein starkes ethisches Verantwortungsbewußtsein.

Er denkt bei allen Handlungen und Entscheidungen zielorientiert und strategisch.

Er beherrscht die Kunst des schmalen Managements.

8. Kapitel

Der Ethik-Kodex als wirtschaftlicher Erfolgsfaktor

Von der amerikanischen Industrie können wir immer lernen, zum Beispiel in Sachen Ethik. In den USA gibt es seit einigen Jahren sogenannte Ethikprogramme. Begonnen hat der Versuch, Moral und Ethik in das Geschäftsleben zu integrieren, 1986 mit einer Initiative der Rüstungsindustrie. Nach zahlreichen Skandalen schlossen sich damals 42 Rüstungsunternehmen auf Druck der Regierung zur Defence Industry Initiative (DII) zusammen und verpflichteten sich zur Einhaltung übergreifender Werte in bezug auf Qualität und Zuverlässigkeit sowie im Umgang mit Kunden, Lieferanten und den Mitarbeitern. Koordiniert werden die Aktivitäten durch ein firmeninternes Ethikbüro, das von einem Ethikbeauftragten geleitet wird, der zum Beispiel im Range eines Vizepräsidenten steht. Obendrein sind die Beauftragten großzügig mit finanziellen Mitteln aus- gestattet. Die Ethikbüros bearbeiten Bestechungen, Betrug, verfehlte Produktqualität, Arbeitszeitverstöße, sexuelle Belästigungen am Arbeitsplatz und das Entgegennehmen von Geschenken. So hat sich mittlerweile durchgesetzt, daß Geschenke nur bis zu einem Wert von zehn Dollar angenommen werden dürfen. Abendessen müssen selbst bezahlt werden. Einladungen auf private Feriendomizile von Geschäftsfreunden sind undenkbar geworden, und wer Geschenke behalten will, muß sie der eigenen Firma abkaufen.

Inzwischen haben mehr als hundert amerikanische Konzerne Ethikprogramme eingeführt. Die meisten sind Mitglied der Ethics Officers

Association (EOA). Die EOA veranstaltet regelmäßig Konferenzen, auf denen die Ethikbeauftragten ihre Erfahrungen in diesem neuen Managementbereich austauschen. Ethik zu instrumentalisieren und in den Dienst der Wirtschaft zu stellen ist ein für Deutschland noch sehr ungewohnter Gedanke. Allerdings stimmen Korruptionsskandale wie bei der Adam Opel AG nachdenklich. Die Amerikaner haben erkannt, daß es nicht ausreicht, Ethik nur als individuelle Angelegenheit zu betrachten; der Verstoß gegen ethische Grundwerte kann den Erfolg und im Extremfall sogar das Überleben eines Unternehmens gefährden.

Auch ich bin davon überzeugt, daß wir nur mit Hilfe eines Ethik-Kodex auch in Zukunft ein Elite-Unternehmen sein werden. Mein Problem bestand jedoch darin, nach außen zu dokumentieren, ein ethisches Unternehmen zu sein, ohne falsch verstanden zu werden. Denn sollte man das, was ich zum Ausdruck bringen wollte, von uns nicht ohnehin wie selbstverständlich erwarten (wie auch von jedem anderen Unternehmer)?

Dann aber stellte ich mir und meinen Mitarbeitern die folgenden Fragen und erkannte, daß sie für eine Standortbestimmung unverzichtbar sind:

Welchen Unternehmenszweck verfolgen wir?
Welchen Nutzen bieten wir mit unseren Geistleistungen?
Welchen Nutzen bieten wir mit unseren Dienstleistungen?

Welchen Nutzen bieten wir mit unseren Produkten?
Was ist die Grundlage unseres Denkens und Handelns?
Was ist die Basis unseres Tuns?

Die Antworten haben wir in einem Ethik-Kodex festgeschrieben, der zusammen mit unserer Unternehmens-Philosophie und unseren Unternehmens-Grundsätzen gesehen werden muß.

Und schließlich war noch eine Frage zu beantworten: Wie garantieren wir verbindlich diese Werte?

Es gibt, so stellte ich fest, eine ISO-Norm 9000, nach der ich meinen Qualitätsstandard zertifizieren lassen kann, und es gibt die europäische Ökoaudit-Verordnung, nach der ich die Umweltverträglichkeit des Unternehmens beurteilen lassen kann - aber es gibt weder eine öffentliche Stelle noch Auditoren, die meine ethischen Prinzipien überprüfen. Also ging ich zum Notar und habe mich durch notarielle Beglaubigung verpflichtet, unser Unternehmen nach diesen Grundsätzen zu führen. Die Basis sind die philosophische Ethik, die christlichen Werte und das Grundgesetz.

Der Ethik-Kodex ist für alle in der Firma die Richtschnur, um situativ täglich und stündlich gute und richtige Entscheidungen treffen zu können. Natürlich sind und bleiben wir in erster Linie Unternehmer. Und da stellt sich immer wieder die Frage nach der Wettbewerbsfähigkeit. Und da bin ich überzeugt: Unsere

Wettbewerbsfähigkeit verbessert sich durch diese Grundhaltung jeden Tag mehr, denn sie garantiert, daß wir mit unseren Produkten, Geist- und Dienstleistungen die beste Form des Dienens erreichen (um den anderen zum Mittelpunkt seiner Welt zu machen). Damit wird der Ethik-Kodex zum stärksten wirtschaftlichen Erfolgsfaktor. Die Amerikaner beginnen das zu verstehen; darin sind sie uns voraus.

Natürlich ist der Ethik-Kodex nicht immer leicht einzuhalten. Aber er ist unsere Vision, und Visionen haben eine große motivierende Kraft: Sie nisten sich in den Köpfen der Mitarbeiter, Kunden und Geschäftspartner ein; sie erhöhen die Identifikation mit dem Unternehmen und führen automatisch zu einer höheren Produktivität; sie haben Kompaß- und Leuchtturmfunktion, sind also richtungsweisend und setzen Prioritäten. Nur mit Visionen lassen sich deutliche, vor allem schwer kopierbare Wettbewerbsvorteile erzielen. Und darauf kommt es an.

9. Kapitel

Was ist "meine Welt"?

von Dietmar Gottschall

Was ist das eigentlich - "meine Welt"? Und wie sehen die Welten der anderen aus? Wie vernünftig geht es in meiner Welt und den Welten der anderen zu? Wie kommunizieren diese Welten miteinander? Und wie können wir dem anderen dienen, Mittelpunkt seiner Welt zu sein?

Die Beantwortung dieser Fragen führt uns auf ein Terrain, das den meisten fremd sein dürfte, nämlich das der Hirnforschung, der Neurobiologie. Wir sollten uns aber mit den Erkenntnissen dieser noch relativ jungen Wissenschaft auseinandersetzen - erleichtern sie doch das Verständnis für viele Ungereimtheiten in unserem Dasein, auch im Leben der Führungskraft. Warum sehen und bewerten Mitarbeiter die Dinge anders als ich? Warum reagiert der Kunde nicht so, wie ich es erwarte? Warum geht ein Projekt schief, obwohl ich es so gut geplant hatte?

Warum ruinieren Manager trotz guter Marktchancen und bester Absichten die Firma, verprellen fähige Mitarbeiter, beharren auf der eigenen Unersetzbarkeit?

Warum produzieren nicht nur einzelne Personen, sondern ganze Organisationen serienweise Fehlleistungen? Warum rüsten die Staaten selbstzerstörerisch um die Wette? Warum führte die Menschheit in den vergangenen 50 Jahren 189 Kriege und Bürgerkriege mit mehr als 30 Millionen Toten, und warum ist sie nicht in der Lage, vorhersehbare Bevölkerungs-, Umwelt- und Rohstoffkatastrophen in den Griff zu bekommen?

Wissenschaftler kreieren zwar immer wieder neue Theorien zur Erklärung des menschlichen Aggressionstriebs, betreiben "Friedensforschung", aber das Unbehagen an einem offenbar tiefverwurzelten Vernunftdefizit mindern sie nicht, verstärken sie eher noch durch ihre Ratlosigkeit.

"Was uns beunruhigt, ist die Erfahrung, daß der Mensch offensichtlich unfähig ist, seine Konflikte friedlich, rational zu lösen", schrieb Hoimar von Ditfurth. "Was uns ängstigt, ist der Umstand, daß der Mensch allzuoft als das Opfer anonymer Zwänge in Situationen erscheint, in denen er theoretisch Herr des Geschehens sein sollte; was uns ratlos macht, ist die sich ständig wiederholende Konfrontation mit Krisen, die von uns selbst hervorgerufen werden und die zu beheben wir uns dennoch als unfähig erweisen."

Ja, warum eigentlich ereignet sich so viel Irrationales in den Köpfen der Menschen, den eigenen eingeschlossen?

Die Denkhilfe, die der 1989 verstorbene Psychiatrieprofessor gab, muß manchen, der im Menschen die Krone der Schöpfung sieht, zusätzlich irritieren. "Der Mensch", so erklärte von Ditfurth, "ist ein unfertiges Wesen." Er schätze seine biologische Situation in der Entwicklungsgeschichte falsch ein; er sei nicht identisch mit dem Homo sapiens ("weiser Mensch"), von dem die Philosophen träumten; beherrscht werde er vielmehr von einem "archaischen Erbe": "dem anachronistischen Aufbau des Gehirns, der der Rationalität unüberwindbare Schranken setzt".

Immer mehr Neurobiologen sehen vor dem Hintergrund von Firmenzusammenbrüchen und weltweiten Krisen in der Erforschung des menschlichen Gehirns die "große Herausforderung der nächsten 20 Jahre"; die 90er Jahre erklärten sie zum "Decade of the Brain". Die Gesellschaft, die der Mensch für sich und zukünftige Generationen gestalte, sei das Produkt seines Gehirns, argumentieren sie. Erst wenn er wisse, wie sein Hirn funktioniere, könne er auch seine Konflikte friedlich (und "weise") lösen.

Die Hirnforscher gehen davon aus, daß alle Lebewesen ihre Fähigkeiten der Evolution verdanken, einem bereits vier Milliarden Jahre dauernden Werdegang, in dessen Verlauf sich die Organismen immer wieder an die Gegebenheiten der Umwelt angepaßt haben - auch der Mensch mit stammesgeschichtlich festgelegten Verhaltensweisen. Die Fragen, mit denen die Hirnforscher die Struktur unserer Gedankenwelt aufdecken wollen, lauten: "Wie können wir wissen, was wir wissen?", "Wie wahr ist unsere Wahrnehmung?" Im folgenden soll der aktuelle Stand der Hirnforschung kurz referiert und die eingangs gestellte Frage zu beantworten versucht werden: "Was ist das - meine Welt?"

"Wie können wir wissen, was wir wissen?"

Diese Frage untersuchten unabhängig voneinander der russische Physiologe Alexander Luria und die beiden amerikanischen Zoologen Edward O. Wilson und Paul D. MacLean - mit gleichen Befunden und ähnlichen Folgerungen. In seiner Entwicklung hat das Gehirn an Größe ständig zugenommen, stellten die Wissenschaftler fest, dabei aber die wesentlichen Züge von drei Systemen beibehalten, die eine angestammte Verwandtschaft des Menschen mit den Reptilien sowie den frühen und späteren Säugetieren erkennen lassen: Stammhirn, Zwischenhirn und Großhirn. Unterschiedlich in Aufbau und chemischen Reaktionen, bilden sie eine Hierarchie von drei Gehirnen in einem, "a triune brain".

Die Forscher beschreiben die drei Hirne als biologische Computer; jedes hat eine eigene Intelligenz, Subjektivität, Zeitvorstellung, ein eigenes Programm also, mit dem es auf die Umwelt reagiert.

Das Stammhirn, der entwicklungsgeschichtlich älteste Teil, ist vor 300 Millionen Jahren bei den Reptilien entstanden, den seinerzeit fortschrittlichsten Lebewesen; in einer "Freßgesellschaft" waren sie vor allem mit der Nahrungssuche beschäftigt. Dieses Hirn beherbergt die Instinkte, die biologischen Erfahrungen in der Kunst des friedlichen Überlebens. Auch heute noch ist es - im Kopf des Menschen - wie vor Jahrmillionen bemüht, bewährten Pfaden zu folgen und feste Ordnungen durch starre Rituale zu sichern.

Das Zwischenhirn, das sich über das kleinere Stammhirn wölbt, hat sich vor 150 Millionen Jahren bei den frühen Säugetieren entwickelt; sie mußten, anders als die Reptilien, in einer hierarchisch strukturierten Jagdgesellschaft die Fähigkeiten zur kämpferischen Selbstbehauptung ausbilden. Das Organ fügt den Programmen des Stammhirns die Emotion hinzu; es mobilisiert die Energie für den Konkurrenzkampf, entscheidet bei Angst oder Wut, ob die Flucht ergriffen oder Widerstand geleistet werden soll.

Auch dieses Hirn ist - wie das Stammhirn - "sprachlos"; es kann sich verbal nicht mitteilen und ist Argumenten nur unter bestimmten Bedingungen zugänglich, etwa in Hypnose.

Das Großhirn - es übertrifft das Stamm- und Zwischenhirn an Masse um ein Vielfaches - ist "erst" 10 Millionen Jahre alt. Es besitzt die Anlage zur Planung, zum abstrakten Denken und zur Symbolbildung in Wort, Schrift und Bild; es ist bewußtseins- und lernfähig. Während das Zwischenhirn die Umwelt wie ein binärkodierter Computer wahrnimmt und nach Freund/Feind-Kriterien unterscheidet, kann das Großhirn Informationen zu einem komplexen Bild zusammensetzen, das neue Möglichkeiten der Orientierung schafft.

Zoologe und Harvard-Professor Wilson, der diese Erkenntnisse bei der Beobachtung des Sozialverhaltens von Tieren gewann, zieht den Schluß, daß wohl vor allem das Zwischenhirn über unsere Zukunft entscheiden werde. Denn wann immer der Mensch in Streß gerate, strapaziere dieses Hirn das Bewußtsein auf ambivalente Weise: Haß trete zu Liebe, Aggression zu Angst, Expansionsdrang zum Bedürfnis, sich zurückzuziehen. Das Zwischenhirn mache es dem Menschen schwer, kühlen Kopf zu bewahren; es orientiere sich an den Gesetzen des Dschungels. (Entsprechend geht es ja auch in vielen Firmen zu.)

Kollege MacLean, der mit Echsen und Affen experimentierte, sieht das Dilemma des Menschen ähnlich: Weil das Großhirn fix bei der Sache sei, die anderen Hirnbereiche aber der gemächlichen Gangart der Evolution verbunden blieben, könne der Mensch mit sich und seiner Umwelt nur dann in Harmonie leben, wenn er auf die Bedürfnisse der älteren Tiere in sich Rücksicht nehme.

Die drei Hirnregionen, die so unterschiedliche Entwicklungsstadien repräsentieren, geraten bei ihrem notwendigen Zusammenwirken, darin sind sich die meisten Neurobiologen einig, zwangsläufig in Konflikt, oft in heftigen Widerstreit. Die Forscher fordern deshalb, daß sich der Mensch ein für allemal klarmachen muß, daß seine Weltsicht ("meine Welt") von Hirnteilen wesentlich mitbestimmt wird, deren Reaktionsmuster durch die archaische Lebenswelt der Reptilien und frühen Säuger geprägt ist.

Wie sehr das "anachronistische Gehirn" die Weltsicht bestimmt, demonstrieren die Neurobiologen gern an einem Beispiel: Im wachen Zustand ist der Mensch in jeder Sekunde der ungeheuren Datenmenge von 200 Millionen Bit ausgesetzt. Das Stammhirn, das eine Filterfunktion hat, reduziert dieses Nachrichtenquantum sogleich drastisch auf 10 Bit - nicht nach logisch-rationalen Kriterien, sondern nach seinen Programmen aus der Urzeit. Das Zwischenhirn bewertet dann diese Impulse mit "gut/schlecht", "ungefährlich/gefährlich", um zu entscheiden, ob der Organismus seine Verteidigungsbereitschaft erhöhen muß. Diese mit einem "Vor-Urteil" versehenen Signale gelangen in das Großhirn, das sie in das bewußte Erfahrungsmodell seiner Welt einbaut; was Widerspruch auslöst, wird umgedeutet und auf diese Weise passend gemacht.

Die Signale, die "meine Welt" erreichen, werden also vom Gehirn selektiert, zensiert und sind alles andere als "objektiv". Unser Bewußtsein weiß von diesen Vorgängen nichts; deshalb halten wir an der Vorstellung fest, diese Eindrücke seien ein "wirklichkeitsgetreues" Abbild der Umwelt. Sie sind - wir werden das gleich genauer sehen - in Wahrheit Bestandteile einer Welt, die sich das Gehirn selber bastelt - und zwar zu "meiner Welt", deren Mittelpunkt ich bin.

Die zweite Frage, mit der sich die Neurobiologen beschäftigen, ist schon sehr alt; sie führt die erste Frage fort und ist zum Verständnis "meiner Welt" besonders wichtig.

"Wie wahr ist unsere Wahrnehmung?"

"Jeder von uns glaubt, er lebe unmittelbar in der ihn umgebenden Welt, er erkenne die Dinge und Ereignisse genauso, wie sie sind; ich versichere, daß das alles eine Illusion unserer Wahrnehmung ist", schrieb in den 50er Jahren der amerikanische Physiologe Vernon Mountcastle, zu dem moderne Neurobiologen als einem ihrer Väter aufblicken. Ganz das Gegenteil sei der Fall, meinte Mountcastle: "Jeder von uns lebt hinter den Gefängnismauern seines eigenen Gehirns." Mit der "Welt da draußen" sei der Mensch lediglich über einige Millionen Sinnesnerven verbunden.

Es ist die abstrakte Welt der Physik und der Chemie, in die der Mensch sonst nur mit Experimenten und Formeln eindringt. Das anschauliche Bild, das er sich von der Welt macht, entsteht nicht "da draußen", sondern in seinem Kopf aus der Verrechnung von Sinneserregungen mit Informationen, die in den Genen gespeichert sind, und Erfahrungen, die er im Laufe des Lebens macht.

"Aus diesem komplexen Integral konstruiert der Mensch von innen heraus seine ganz persönliche Sicht der Welt", konstatierte Mountcastle. "Das ist es, was jeden von uns so einzigartig macht."

Mountcastle lenkt den Blick auf ein paradoxes Phänomen - den Widerspruch von zwei gleich handfesten und unabweisbaren Tatsachen: Der Mensch begegnet Dingen und Wesen in einer ihn und sie gemeinsam umfassenden Welt; der Physiologe aber kann beweisen, daß diese Welt für ihn nur existiert, weil seine Sinne durch Umweltereignisse erregt und vom Gehirn mit einer Unzahl gespeicherter Daten verrechnet und mit Bedeutungen versehen werden. Kurz:

daß die "Welt da draußen" in seinem Kopf ist, daß sich nur dort ereignet, was er sieht, hört, fühlt, tastet. "Die Welt, so wie wir sie wahrnehmen, ist unsere Erfindung", sagt der Biophysiker Heinz von Foerster. "Sie ist ein Konstrukt", meint der Psychotherapeut Paul Watzlawick. "Unser Nervensystem", hat der Dichter Paul Valéry vor 50 Jahren schon gepriesen, "ist der Erfinder von allem und jedem." Und noch früher, im 17. Jahrhundert, befand Angelus Silesius: "Wir selbst sind die Welt."

Der große Denker Immanuel Kant unterschied zwei Welten: die Welt "an sich" und die Welt der Phänomene. Der Mensch lebt in der Welt der Phänomene. Den Raum, der die erlebte Welt der Phänomene umschließt, charakterisierte er als eine Anschauungsform, die im Sinnesapparat des Menschen bereitliegt. Die Welt "an sich" sei nicht räumlich; der Raum und mit ihm Menschen, Tiere, Bäume, Häuser, Berge existiere nur im Kopf des Individuums.

Normalerweise hält der Mensch jedoch nicht die abstrakte physikalische Welt für die Welt "an sich", sondern die anschauliche Welt seiner täglichen Erfahrung - was ja auch nicht verwundern kann: Die Erlebniswelt ist uns unmittelbar gegeben; Geräusche dringen scheinbar unvermittelt an unser Ohr, und wir betasten die Gegenstände in unserer Reichweite unmittelbar als Gegenstände. Wie sollten wir da auf den Gedanken kommen, daß wir es hier mit einer von uns selber hervorgebrachten, ganz und gar persönlich gefärbten "erfundenen" Wirklichkeit zu tun haben?

Da jedoch die Wahrnehmung "im Kopf" entsteht, bliebe noch die Frage zu klären, wie sie wieder "nach draußen" kommt. Die Antwort ist diffizil und würde den Rahmen dieses Beitrags sprengen. Jedenfalls ist es nicht so, daß die Wahrnehmungsinhalte über die Sinnesbahnen in die Welt "rückprojiziert" werden, wie zum Beispiel Schopenhauer und viele andere annahmen.

Das ist nicht leicht zu verstehen. Und weil das so ist, hat diese Schwierigkeit allzuoft fatale Konsequenzen.

Da wir nicht realisieren, daß wir uns zwar in einer uns alle umgebenden physikalischen Welt befinden (die Reize, die von der Umwelt ausgehen, sind für alle Menschen gleich), daß aber unsere Hirne wegen unterschiedlicher genetischer Programme und Lebenserfahrungen unterschiedliche Bilder dieser Welt hervorbringen, unterstellen wir in der Regel wie selbstverständlich, daß unsere Mitmenschen die Dinge genauso sehen und bewerten wie wir, daß "meine Welt" mit ihren Welten weitgehend identisch ist.

Werden Abweichungen allzu offenkundig, verteidigen wir die Richtigkeit unseres Weltbildes - in ernsten Fällen auch mit Gewalt. Die Folgerung kann jedoch nach all dem, was hier dargestellt wurde, nur lauten: Es gibt ebensoviele individuelle Wirklichkeiten, wie es Gehirne gibt (Tiere eingeschlossen). Jede dieser Wirklichkeiten besitzt eine eigene Wahrheit und Logik, ist prinzipiell so richtig wie jede andere. Das bedeutet auch, daß es keine Objektivität und schon gar keine absolute Wahrheit gibt. Jeder Mensch ist Mittelpunkt seiner ganz persönlichen Welt. Die Eigenwelten der anderen wird er immer nur in Grenzen verstehen können, und wenn ihm das nicht möglich ist, sollte er versuchen, sie zu respektieren. "Verstehen gibt es nicht, höchstens Respekt", sagt der Schriftsteller Sten Nadolny.

Mancher wird jetzt fragen: Wenn es keine Wahrheit gibt, wie können wir da überhaupt sinnvoll und produktiv zusammenarbeiten und -leben?

Die Antwort hängt davon ab, was wir unter Wahrheit verstehen. Daß damit eine von unserem Denken unabhängige Wahrheit gemeint sein könnte, ist aus Sicht der Neurobiologie unmöglich. Wohl aber gibt es "gesicherte Erkenntnisse". Damit ist gemeint, daß eine Aussage im Rahmen von Kriterien, die sich bewährt haben, ein Höchstmaß an Glaubhaftigkeit und Plausibilität hat. Das, was uns als "wahr" erscheint, wird nicht nur durch angeborene Prozesse bestimmt, sondern in gleicher Weise durch unsere ständig neu erworbene Erfahrung im Umgang mit unserer Umwelt und uns selber. Diese neuen Informationen werden im Gedächtnis gespeichert und stehen neuer Wahrnehmung zur Verfügung.

"Wissen und Erkenntnis sind selbstbezüglich", erläutert der Neurobiologe Gerhard Roth. "Erfahrung mißt sich an Erfahrung, Erkenntnis korrigiert sich an Erkenntnis." Das ist auch in der Wissenschaft so. Wir behalten dasjenige an Erfahrung bei, was sich in der Vergangenheit bewährt hat, und messen an diesem Erfahrungsschatz alles Neue, erweitern und verändern ihn.

Dieser Lernprozeß hat jedoch "nichts mit der Annäherung an die objektive Wahrheit zu tun" (Roth). Er dient "lediglich" dazu, "meine Welt" im Umfeld aller anderen Welten, mit denen ich zu tun habe, abzusichern.

Daß die Erkenntnismöglichkeiten "meiner Welt" eingeschränkt sind, soll noch am Bau unserer Sinnesorgane gezeigt werden. Sie sind die Schnittstelle zwischen Umwelt und Gehirn. Nur das, was die Sinnesorgane erregt, kann auf das Gehirn einwirken, und das ist vom Standpunkt des Physikers aus nur ein winziger Ausschnitt der physikalischen Welt. Hier wird besonders eindrucksvoll deutlich, daß der Mensch keinen Grund zu der Annahme hat, er könne jemals "die ganze Welt" begreifen.

Allein durch den Bau und die Funktionen der Sinnesorgane werden sehr viele Geschehnisse der physikalischen Welt ausgeblendet. Viele Tiere haben im Laufe der Evolution Sinne entwickelt, die der Mensch gar nicht kennt wie Echoortung, Infrarotsinn, Feuchtesinn, Magnetsinn. Auch sonst nehmen wir bestimmte Umweltereignisse nicht wahr; von ihrer Existenz wissen wir nur indirekt.

So können wir radioaktive Strahlung nicht erkennen, obwohl sie für uns sehr gefährlich ist.

Schallwellen werden von uns in einem Bereich von 50 bis maximal 20.000 Hertz wahrgenommen, manche Wirbeltiere hören jedoch bis 100 Kilohertz und mehr. Lichtwellen sehen wir in einem Bereich von 400 bis 750 Nanometer, Tiere wie zum Beispiel Bienen nehmen auch ultraviolettes Licht wahr. Der Tast- und Drucksinn ist beim Menschen im Vergleich zu vielen Tierarten besonders schlecht ausgebildet. Und eine Stubenfliege erfaßt Situationen optisch so schnell, daß ihr jeder Kinofilm (24 Bilder pro Sekunde) wie eine träge Diavorführung vorkommen müßte.

"Ich bin der Mittelpunkt meiner Welt (nicht der Welt), wohl wissend, daß das für jeden anderen Menschen auch gilt", lautet das Credo des Josef Schmidt Colleg. Hier sollte angedeutet werden, wie der Mensch Informationen von außen und innen zu einem - zu seinem - Bild der Welt zusammenträgt: durch biologische, chemische und physikalische Signale, durch das dynamische Ineinanderwirken ererbter und erlernter Information. Die ererbte Information - die in den Genen gespeicherte Erfahrung der Stammesentwicklung - macht die Tragik des fortschrittsergebenen modernen Menschen aus; von den Schattenseiten seiner Antriebe will er nichts wissen.

"Wenn wir aufhören würden, uns dagegen zu sträuben, biologische Faktoren als Rahmenbedingungen auch für unsere, die menschliche Freiheit anzuerkennen - vielleicht würde eine solche realere Einschätzung unserer Möglichkeiten uns toleranter werden lassen", hoffte

Hoimar von Ditfurth. "Vielleicht würden dann auch einige Krisen seltener werden, deren hartnäckige Wiederkehr uns bisher immer wieder aufs neue überrascht."

"Wir sind nicht so vollkommen, wie wir uns das manchmal einbilden."

Frage: Halten Sie es für sinnvoll, daß sich Führungskräfte mit den Erkenntnissen der Hirnforschung beschäftigen?

Schmidt: Führungskräftetrainer sollten es auf jeden Fall tun. Manager werden kaum die Zeit haben, die schwierige Fachliteratur zu studieren, und spezielle Bücher für sie gibt es nicht.

Frage: Warum sollten sie es tun?

Schmidt: Ich bin überzeugt, daß uns neue Einsichten in das komplexe Motivationsgefüge des Menschen bei der Unternehmensführung weiterhelfen können, gerade auch weil sie mal nicht aus der psychologischen Ecke stammen. Ich gebe zu, daß ich anfangs sehr skeptisch war und dachte, das sei nur etwas für Mediziner.

Frage: Ihre Skepsis ist weitverbreitet. Bislang zumindest gab es eine allgemeine Scheu, sich mit den neurobiologischen Grundlagen unseres Verhaltens auseinanderzusetzen. Dabei ist das Gehirn unser interessantestes, rätselvollstes Organ. Wie läßt sich diese Scheu erklären?

Schmidt: Vielleicht weil dabei herauskommen könnte, daß wir doch nicht so vollkommen sind, wie wir uns das manchmal einbilden.

Frage: Angesichts unserer Veranlagung, anderen Böses anzutun und Schmerzen zuzufügen, sollten wir das eigentlich längst wissen; wir brauchen uns ja nur die Fernsehbilder vom kriegerischen Gemetzel im ehemaligen Jugoslawien zu vergegenwärtigen. Werden da nicht die archaischen Strukturen unserer stammesgeschichtlichen Vergangenheit sichtbar?

Schmidt: Das ist wohl leider so. Erschreckend finde ich, daß sich die Menschen dort auf der gleichen Evolutionsstufe wie wir befinden. Aus ihrer Vergangenheit scheint die Menschheit nicht lernen zu können.

Frage: Glauben Sie, daß solche Kriege auch bei uns wieder möglich sind?

Schmidt: Ich hoffe es nicht. Aber nach allem, was ich neuerdings aus der Hirnforschung weiß, muß man sagen: Der Lack der Zivilisation ist dünn.

Frage: Sie plädieren also dafür, sich mit den offensichtlich genetisch bedingten Beschränktheiten der Spezies Mensch zu beschäftigen?

Schmidt: Ja. Wir sollten um unseres Überlebens willen vorurteilsfrei alles diskutieren, was unser Denken und Handeln beeinflußt, also auch Struktur und Funktion des Gehirns.

Frage: Viele Leute verdammen diese Haltung als "biologistisch", und sie meinen damit, daß man dem Geist, der den Menschen beseelt, nicht näherkommt, wenn man den vergänglichen Körper studiert.

Schmidt: Das Verhältnis von Körper und Geist interessiert die Menschen seit Jahrhunderten. Auch wenn man geistige Bereiche, das Reich des Glaubens und der Ideen etwa, losgelöst vom

Körper betrachtet, dürfte doch feststehen, daß der Leib zumindest das Substrat darstellt, das den Geist hervorbringt. Zwischen Geist und Körper gibt es doch vielfältige Wechselbeziehungen: Man kann besser denken, wenn man sich wohlfühlt; Visionen können Manager zu Höchstleistungen treiben, und Niederlagen machen sie zu gebrochenen Männern. Was spricht dagegen, sich mit dem Organ zu befassen, das daran in irgendeiner Form beteiligt ist? Doch wohl nichts.

Frage: Auch wenn man dabei zu dem Ergebnis kommt, daß das Gehirn von der Umwelt und damit von allen anderen Gehirnen und ihren Trägern isoliert ist, jeder Mensch also in einer "eigenen Welt" lebt? Ist das nicht eine befremdliche These?

Schmidt: Ich denke, daß das Leitmotiv des Josef Schmidt Colleg "Ich bin der Mittelpunkt meiner Welt, wohl wissend, daß das für jeden anderen Menschen auch gilt..." hier seine naturwissenschaftliche Bestätigung findet. Bislang hatte ich es ausschließlich der philosophischen Ethik zugeordnet. Ich bin recht froh darüber.

Frage: Lassen Sie uns über Manager sprechen. Was hat ein Manager davon, wenn er weiß, daß jeder in einer "eigenen Welt" lebt?

Schmidt: Daß er zum Beispiel versteht, warum seine Mitarbeiter nicht immer das tun, was er von ihnen erwartet, obwohl er es gut mit ihnen meint. Oder warum Menschen miteinander streiten, obwohl sie nur die besten Absichten haben. Oder warum Konflikte völlig normal sind und echter Konsens eher eine Seltenheit ist.

Frage: Und woran liegt es?

Schmidt: Ganz einfach - die Eigenwelten der beteiligten Personen sind nicht "kompatibel". Sie haben keinen Zugang zueinander.

Frage: Es steckt kein böser Wille dahinter, wenn zwei sich streiten?

Schmidt: Zunächst einmal würde ich mich fragen, ob nicht die Kommunikation gestört ist, weil der eine nicht versteht, was der andere will. Natürlich kann einer auch sehr wohl wissen, was der andere vorhat, und ihm aus egoistischen Motiven heraus das Leben schwermachen.

Frage: Mißverstehen wäre also der Normalfall, Verstehen dagegen der Sonderfall?

Schmidt: Das ist mir zu überspitzt. Ich bin überzeugt, daß wir uns normalerweise verstehen, zumindest aber verständigen können. Sonst wäre ja kein Zusammenleben möglich. Richtig ist aber, daß Verstehen in einem tieferen Sinne von Gemeinsamkeiten abhängig ist, nämlich von der Erziehung, die ich genossen und mit der ich mir mein Weltbild angeeignet habe, und schließlich von den individuellen Erfahrungen, die ich gemacht habe. In dem Maße, in dem ich diese immer spezifischer werdenden Übereinstimmungen mit anderen Menschen teile, verstehe ich mich mit ihnen.

 Frage: Das heißt, ich ordne Worten, der Mimik,

den Gesten und Gebräuchen bestimmte Bedeutungen zu, die der andere akzeptiert?

Schmidt: Ja. Wichtig erscheint mir: Verstehen und Mißverstehen hängen nur wenig von unserem guten Willen ab, sondern vor allem davon, wie viel oder wie wenig wir an gemeinsamer Vorerfahrung mitbringen. Meist spüren wir instinktiv, was wir in dieser Hinsicht vom anderen erwarten können. Im Beruf jedoch, wenn zum Beispiel gleich qualifizierte Leute im Team eine komplexe Aufgabe lösen sollen, kann unter Umständen eine minimale persönliche Differenz so eskalieren, daß dadurch das ganze Vorhaben zu Fall gebracht wird. In der Ehe ist das übrigens nicht anders.

Frage: Wir können am besten miteinander kommunizieren, wenn wir die Eigenwelt des anderen respektieren und nach Gemeinsamkeiten suchen...

Schmidt: ...und die vorhandenen Gemeinsamkeiten gemeinsam weiterentwickeln. Mit unserem Menschsein ist uns die wichtigste Basis für Kommunikation gegeben, nämlich die Sprache. Es gilt, im buchstäblichen, aber auch im übertragenen Sinne, eine gemeinsame Sprache zu entwickeln. Im Betrieb gelingt das am besten mit dem Managementmodell Unternehmer-Energie. An diesem Punkt wird klar, was das Modell für die Unternehmensführung auch bedeutet: Es schlägt eine Brücke zwischen den individuellen Welten der Mitarbeiter, indem es eine gemeinsame Kommunikationsbasis schafft. Ich glaube, diesen Aspekt sollte ich in Zukunft mehr betonen.

Frage: Wenn jeder in einer "eigenen Welt" lebt, bedeutet das nicht auch: Jeder lebt in einer isolierten Wirklichkeit und ist potentiell ein einsamer Mensch?

Schmidt: Wenn jeder die Welt in seiner Weise sieht, heißt das nicht, daß wir voneinander isoliert sind, wie ich gerade erklärt habe. Aber es ist im Leben ziemlich leicht, sich zu isolieren oder isolieren zu lassen, besonders wenn man in einer persönlichen Krise steckt.

Frage: Wer zum Beispiel den Job verliert, verliert damit auch wichtige, vielleicht die wichtigsten Kommunikationspartner - und wird zurückgeworfen in seine Eigenwelt und die Isolation?

Schmidt: Die Gefahr besteht. Das Problem ist: Wie finde ich Partner mit ähnlichen Vorerfahrungen, damit wir nicht aneinander vorbeireden. Wobei sich "Vorerfahrungen" auf alles mögliche bezieht, nicht etwa nur auf Wissensinhalte. Vergleichbare schicksalhafte Ereignisse sind unter Umständen viel wichtiger.

Frage: Läßt das nicht die Eignungsdiagnostik, wie sie in den Unternehmen betrieben wird, in einem neuen Licht erscheinen? Wird da nicht allzu einseitig Wissen abgefragt?

Schmidt: Das Lehrwerk UnternehmerEnergie enthält deshalb ein Instrument, das aus gutem Grund "Partneranalyse" und nicht etwa "Wissensanalyse" heißt.

Frage: Es gibt einen schönen deutschen Begriff für die "Kompatibilität" von Eigenwelten: Anschlußfähigkeit. Können Sie mit diesem Wort etwas anfangen?

Schmidt: Sehr viel sogar. Wir müssen unsere Welten so gestalten, daß wir anschlußfähig werden und auch bleiben! Das ist die beste Überlebensstrategie, wenn auch noch sehr abstrakt. Ich denke mal, daß wir mit unserem Managementmodell das Instrumentarium anbieten, diesem Ziel Schritt für Schritt näherzukommen, privat und beruflich.

Frage: Und noch ein Kernsatz. Der bedeutende Biophysiker Heinz von Foerster hat einen, wie er ihn nennt, "ethischen Imperativ" formuliert. Er lautet: "Handle stets so, daß die Anzahl der Wahlmöglichkeiten größer wird." Ist das nicht ein prima Motto, um der Einsamkeit zu entkommen?

Schmidt: Ich möchte noch einmal auf unser Lehrwerk hinweisen: Wir predigen geradezu Offenheit, nicht Geschlossenheit.

Frage: Was folgt in letzter Konsequenz aus unseren Überlegungen, die wir zu der Tatsache angestellt haben, daß jeder Mensch mit einem abgekapselten Bewußtsein in einer "eigenen Welt" lebt?

Schmidt: Sie sind ein Aufruf zur Toleranz. Wir müssen die Welt des anderen, seine Sichtweise und seine Denklogik respektieren. Mehr noch: Wir sollten ihm nach Möglichkeit helfen, wenn nicht gar dienen, Mittelpunkt dieser Welt zu sein.

1. Exkurs

Eine Möglichkeit, das Unternehmen unschlagbar zu machen: Ästhetik

Mit Ästhetik, der Wissenschaft vom Schönen, beschäftigt sich der Mensch seit der Antike. Augustinus (354-430 n.Chr.) war überzeugt, daß der Mensch nur das Schöne lieben kann. Für Kant war die Wahrnehmung von Schönheit ein ganz besonderer Akt der Erkenntnis. Schiller forderte deshalb die "ästhetische Erziehung des Menschen" und den "ästhetischen Staat". In der Gegenwart wird Ästhetik auf alles und jedes bezogen; so gibt es auch eine Warenästhetik und eine Arbeitsästhetik. Im Marketing ist es eine Binsenwahrheit, daß Produkte ästhetisch "designed" und verpackt sein müssen. "Häßlichkeit verkauft sich schlecht", lautet der Titel eines Buches von Raymond Loewy (1893 - 1986), des "erfolgreichsten Formgestalters unserer Zeit" (Verlagswerbung).

Der Sinn für Schönheit ist im Menschen tief verwurzelt. Viele Erscheinungen der belebten Natur empfinden wir spontan als harmonisch und schön. Schönheit scheint nur zum Teil eine Frage von Kultur und Konvention zu sein; sie ist eine den Dingen und der Welt innewohnende Eigenschaft. So haben sich Forscher schon früh mit den Symmetrien und Proportionen von Pflanzen und Tieren beschäftigt und zu ihrer Überraschung festgestellt, daß sie sehr oft dem Goldenen Schnitt, dem klassischen Maß der Malerei gehorchen.

Auch ist die Sehnsucht, den Aufbau der Welt auf harmonische Strukturen zurückzuführen, uralt. Pythagoras (ca. 497 v. Chr.) glaubte an die "Harmonie der Sphären", an himmlische Laute, die sich aus den miteinander koordinierten Bewegungen der Himmelskörper ergeben. Und Johannes Kepler hat diese mystische Vorstellung 1594 in seine berühmten Gesetze der Planetenbewegungen übernommen: In einer Fülle komplexer astronomischer Daten entdeckte er die Regelmäßigkeiten der Planetenbahnen - nicht unter mathematischen, sondern ästhetischen Gesichtspunkten.

Und heute? Mathematikern und Pysikern gilt zum Beispiel eine Formel erst dann als vollkommen, wenn sie auch ästhetisch ist. Einsteins berühmte Energie-Masse Formel $E = mc^2$, nach der sehr kleine Mengen Materie sich in ungeheuer große Mengen Energie verwandeln können, ist so ein ästhetisches Meisterstück; nie hat jemand mit so wenigen Zeichen so elegant so viel gesagt.

Erstaunlich ist auch, daß die Arbeitsweise von Softwareentwicklern der Spitzenklasse, deren Tätigkeit wie kaum eine andere mit kühler Logik identifiziert wird, wenig mit Systematik, dafür um so mehr mit Visionen und Ästhetik zu tun hat. "Ein Programm ist für mich ein dreidimensionales Gebäude mit Treppenhäusern, Fluren, Räumen und Versorgungsleitungen, in dem ich umhergehen kann", erzählt ein Superprogrammierer. "Wenn ich Fehler finden will, muß ich mich seitlich danebenstellen, um die richtige Perspektive zu haben." Wenn er dann lange genug wie ein "Rechnerkern" in seinem Wohnblock herumspaziert sei, folge die "Kleinarbeit" des Niederschreibens. "Das Ganze muß ein ästhetisches Bild ergeben", sagt er. "Wenn mir ein Programm ästhetisch gefällt, weiß ich, daß es laufen wird."

Wenn Schönheit eine Grundkategorie unseres Wirklichkeitsverständnisses ist, die alles umfaßt - die Natur ebenso wie die Ordnung des Zusammenlebens, die künstlerischen Werke eines Menschen wie seine wissenschaftlichen Arbeiten -, dann liegt es nahe, sich speziell auch mit der Bedeutung von Ästhetik im Wirtschaftsleben zu beschäftigen. Meine - vielleicht etwas überraschende - These lautet:

Ästhetik ist ein Wirtschafts- und Erfolgsfaktor der Zukunft. Wir müssen die Ästhetik nutzen, nicht nur um schöne Dinge auf den Markt zu bringen, sondern auch um die Wirtschaft anzukurbeln.

Ich möchte mich hier auf zwei Bereiche beschränken: Warenästhetik und Arbeitsästhetik.

Daß sich längst nicht mehr nur Künstler mit ästhetischen Fragen beschäftigen, zeigt ein Artikel, der vom Bundesverband der Chemie veröffentlicht wurde. Darin heißt es:

"Der uralte Konflikt zwischen Inhalt und Form ist nicht nur ein Begleiter der Künste, sondern spielt auch bei sachlichen Entscheidungen eine Rolle. Wir geben mehr auf Form und Farben, als viele von uns wahrhaben wollen. Schönheitsempfinden ist zum Teil ein alter Instinkt, der uns helfen möchte, durch geeignete Partnerwahl unsere Art (gesund = schön) zu erhalten. Als Unterabteilung unseres Strebens nach Harmonie verfügt aber auch eine allgemeine Schönheitssehnsucht über uns. Dieses Streben nach Schönheit, auch Vollkommenheit, trainieren wir individuell je nach Herkunft, Umgebung, Erziehung, Erfahrung verschieden stark, aber immer lohnend, wenn das Ziel die Erhöhung der Genußfähigkeit ist. Durch die intensive Beschäftigung mit Schönem bilden sich durch Vorentscheidungen Neigungen und Abneigungen heraus, deren Summe unseren Geschmack und Stil ausmachen. Auf der Basis des - wenn auch unvollständig ausgebauten - persönlichen Geschmacks und Stils fällen wir intuitive Entscheidungen."

Diese Ausführungen, die man so von einem Arbeitgeberverband eigentlich nicht erwartet, lehren uns, daß der Mensch, jeder auf seine Art, beim Anblick der Dinge ästhetische Freude und sinnlichen Genuß empfindet. Und wir folgern: Wenn wir unsere Waren sinnlich erfahrbar machen, vergrößern wir die Absatzchancen, jedenfalls bei technisch oder unter anderen Gesichtspunkten vergleichbaren Produkten (und Dienstleistungen!).

Am erfolgreichsten werden Waren sein, die, ohne daß es der Konsument so recht bemerkt, mit der Welt des Spiels zu tun haben; das erhöht ihre Genußfähigkeit ganz außerordentlich. Die ästhetische Freude ist nämlich unter einer Voraussetzung besonders groß; Schopenhauer hat sie als erster klar erkannt. Sie lautet ganz einfach, daß der Wille schweigen muß. Das heißt, das Produkt muß herausgegrenzt werden aus der Welt der Sorgen, Befürchtungen und Anstrengungen. Ein Ding, das "nach Arbeit aussieht", erscheint sinnlich stumpf.

Produktgestalter wissen das. Raymond Loewy schreibt in dem genannten Buch:

"Die Sinnesreaktionen des Menschen müssen bei allen Arten der Gestaltung erwogen werden. Nehmt nur die vollkommene Coca-Cola-Flasche als Beispiel. Sogar wenn sie feucht und kalt ist, gibt ihr zweifach gewölbter Körper der Hand eine angenehme Ruhefläche und ein behagliches Gefühl. Oder betrachten wir uns den Vater, der die angenehme Rundung eines großen Kognakglases in seiner leicht gewölbten Hand hält. Er wärmt es liebevoll an, während er den Stiel gegen die feinfühlenden Innenflächen seiner ausgestreckten Finger drückt...

Kaugummi ist ein weiteres Beispiel. Nach ein paar Minuten hat die zähe Masse praktisch allen Geschmack verloren. Aber der Kaugummisüchtige kaut noch stundenlang weiter... Bezwungen von der Ausdauer und Entschlossenheit des Kauenden gibt das Gummi schließlich den Widerstand auf. Die zähe Masse hat alles Eigenleben verloren, krümmt und verformt sich, wie der Herr und Meister will; dreißigmal in der Minute bleiben Mann und Gebiß Sieger über die willenlose Materie, die unter dem unwiderstehlichen Druck der Kauwerkzeuge eine Niederlage nach der anderen erleidet. Jeder

Zubiß ist ein Sieg über belebte, ja fast lebende Materie..."

Wenn wir unter diesem sinnlichen Aspekt einmal die Dinge des täglichen Bedarfs betrachten, vom Automobil bis zum Telefon, vom Schokoladenstück bis zur Hartweizennudel, werden wir erkennen, wie raffiniert-spielerisch gerade die Sachen gestaltet sind, die wir gern haben. Dabei erweisen sich auch Farben als bedeutender Gestaltungsfaktor. Einige wirken abstoßend wie Purpurrot, Lila, Schwefelgelb oder bestimmte Grüntöne. Andere lassen Gegenstände groß oder klein erscheinen, vermitteln Temperatur- und Geschwindigkeitsempfindungen. Es gibt kalte und warme, harte und leuchtende Farben; ihre Wirkung ist in allen Kulturen fast gleich. Auch der Kontrast spielt eine wichtige Rolle und die Art und Weise, wie mit den Farben umgegangen wird im Zusammenspiel mit Schrift und Bild. Im Zeitmagazin war in einem Artikel über Buchmarketing zu lesen:

"Und denke bloß keiner, bei der Ware Buch spiele nur der Inhalt, nicht die Verpackung eine Rolle. Selbst bei bekannten Autoren sorgt ein guter Cover noch einmal für zehn Prozent mehr Auflage. Und bei unbekannten Schriftstellern entscheidet oft der äußere Schein allein über Wohl oder Wehe des Werks."

Machen wir uns also mehr Gedanken über die ästhetische Verpackung unserer Leistungen. Ich nenne diese Art der Ästhetik "erfolgswirksame Schönheit".

Noch ein Wort zur "Arbeitsästhetik". Der auf

den ersten Blick paradoxe Begriff stammt von Roman Antonoff, einem der Großen auf dem Gebiet der Corporate Identity. In einem Buch ("ArbeitsÄsthetik") entwickelt er ein ehrgeiziges Programm: "Wenn es gelingt, sonst brachliegende Persönlichkeitsschichten der Mitarbeiter im Bereich des Ästhetischen, des Musischen, der schöpferischen Phantasie anzusprechen, ist dies ein wesentlicher Beitrag zur sogenannten Humanisierung des Arbeitslebens... Ästhetik und das Schöne bilden einen unabtrennbaren Teil der polytechnischen Bildung. Mit der polytechnischen Bewegung ist der Kampf um die Schönheit des Erzeugnisses, um die Ästhetik der Arbeit und der Arbeitsplätze verbunden."

Antonoff möchte die Arbeitswelt von Grund auf erneuern - ästhetisch: "Der Kampf gegen das Häßliche ist die Verlängerung des Kampfes gegen den Mangel an Brot, Licht und Wärme. Es geht heute um den Kampf für Schönheit, Kreativität und Aktivität."

Das ist das Programm eines Idealisten. Praktiker und Pragmatiker werden es wohl als "Schönfärberei" und nicht mit der Wirklichkeit vereinbar abtun. Sie sollten sich jedoch hüten, es ganz beiseite zu schieben. Pragmatiker sind Menschen, die am liebsten alles selber machen würden. Sie verzetteln sich, und ihre oft hervorragenden Produkte und Dienstleistungsangebote gehen in der allgemeinen operativen Hektik unter. Dabei übersehen sie auch die Wettbewerbsvorteile, die ihnen ein kluges ästhetisches Gesamtkonzept, von der Warenästhetik mit gestalteten Produkten und Verpackungen bis zu einem umfassenden Firmenbild mit Firmenlogo, Hausfarben und einheitlich gestylten Formularen und Broschüren, bietet. Denn wenn Produkte und Dienstleistungen, die vom Wert her durchaus vergleichbar sind, miteinander konkurrieren, kann ja nur über den Preis verkauft werden.

Warum verkaufen wir nicht viel konsequenter auch über die Form- und Farbgestaltung, über Ästhetik in allen Belangen?

"Ästhetik ist ein Wirtschaftsfaktor."

Frage: Ein Unternehmer hat mal gesagt: "Die Beschäftigung mit Ästhetik und Kunst ist für mich so, als hätte ich einen Mitarbeiter für Fragen der Zukunft eingestellt." Können Sie dem zustimmen?

Schmidt: O ja. Ich glaube auch, daß Ästhetik nicht nur anregende Optik ist. Sie kann auch als Leitlinie dienen, um im Beruf die Harmonie zwischen widersprüchlichen Bedingungen herzustellen und für die Zukunft zu sensibilisieren.

Frage: Ist Ästhetik also ein harmonisches Ordnungsprinzip im Unternehmen?

Schmidt: Nicht nur im Unternehmen, sondern in der ganzen Wirtschaft. Das ist das, was Roman Antonoff mit seiner Arbeitsästhetik zum Ziel hat: die Humanisierung des Arbeitslebens auf der Grundlage einer auch ästhetischen Schulung der Mitarbeiter.

Frage: Der von mir zitierte Unternehmer hat die Flure und Büros mit Bildern konstruktivistischer Künstler geschmückt. Er will damit nicht Kunst am Bau, sondern "Kunst in den Köpfen der Mitarbeiter und des Managements machen".

Schmidt: Das ist ein Weg, um die Mitarbeiter an die Ästhetik heranzuführen. Man muß nur aufpassen. Ich kenne einen Unternehmer aus der Bauzulieferindustrie, der die Belegschaft mit den allgegenwärtigen Kunstprodukten seiner Ehefrau wohl eher terrorisiert.

Frage: Kann ein Unternehmen, kann Arbeit überhaupt schön sein?

Schmidt: Unternehmen leben entscheidend von ihrem Sympathiewert. Sympathie hat immer auch mit Schönheit zu tun. Jedes Unternehmen bedarf der Ästhetik, die nach außen und nach innen wirkt. Ich kenne kein häßliches Unternehmen mit unschönen Produkten, das erfolgreich wäre, jedenfalls in der Marktwirtschaft. In Staatsbetrieben ist das anders; dort leiden die Menschen dann allerdings auch. Und warum kann Arbeit nicht schön sein? Nur weil sie vielleicht anstrengend ist? Ich denke, daß insbesondere sinnvolle Arbeit sehr schön sein kann. Da mag man abends körperlich erschöpft sein; zugleich ist man aber auch glücklich, etwas geleistet zu haben. Was gibt es Schöneres?

Frage: Normalerweise denkt man bei einem "schönen" Unternehmen an ein schönes Firmenzeichen, harmonische Firmenfarben, eindrucksvolle Architektur, eben an all das, was als Corporate Design bezeichnet wird und mit anderen Elementen eine Corporate Identity bildet.

Schmidt: Das stimmt. Aber das ist längst nicht alles. Ein durchdachtes Firmenbild ist notwendig, aber wenn die Philosophie, die dahintersteckt, im Unternehmen nicht gelebt wird, bleibt es Fassade und verfällt bald wieder.

Frage: Ein durchdachtes optisches Firmenbild kann aber doch die Einstellung der Beschäftigten zu ihrer Arbeit verändern?

Schmidt: Natürlich kann sie das. Auch ein Produkt, das auf der Straße oder im Supermarkt Eindruck macht, erfüllt den Mitarbeiter mit Stolz auf die Firma. Ich wiederhole aber: Image und interne Struktur des Unternehmens müssen zusammenpassen, sonst ist das Ganze nicht stimmig und wird unglaubwürdig.

Frage: Sie verwenden ja sogar den Ausdruck "ästhetische Führung".

Schmidt: Ich meine damit ein Management, das sich zum Beispiel nach den Prinzipien meines Lehrwerks richtet. Diese Führung ist ästhetisch, weil sie in sich stimmig ist wie ein kleines Kunstwerk. Wir sprechen ja auch nicht ohne Grund von Führungskunst.

Frage: Sie sagen, wenn die Unternehmen mit ihren Produkten und Dienstleistungen am Markt ästhetischer auftreten würden, hätten sie Wettbewerbsvorteile. Die Unternehmen beschäftigen Heerscharen von Marktforschern und Verkaufsförderern. Leisten die schlechte Arbeit?

Schmidt: Sicher nicht. Aber ich bin überzeugt, daß auf diesem Gebiet noch längst nicht alle Möglichkeiten ausgeschöpft sind. In welchen Unternehmen wird denn auf breiter Basis wirklich ernsthaft über Ästhetik nachgedacht? Ästhetik ist ein unerschöpflicher Wirtschaftsfaktor.

2. Exkurs

Ein Grund, das Staunen wieder zu lernen: Wasser

Wir nehmen die Natur als etwas Selbstverständliches wahr, ohne je darüber nachzudenken, welch unbegreiflicher Schöpfungsakt dahintersteckt. Natur ist etwas, das ausreichend zur Verfügung steht und "da" zu sein hat. Wie zum Beispiel Wasser.

Einfach nur Wasser?

O nein! Wasser ist eine Schlüsselsubstanz unseres Planeten. Es erlaubt uns einen Blick in die Schöpfung, in die Werkstatt Gottes. Es kann den modernen, fortschrittsergebenen Menschen auf ganz elementare Weise das Staunen lehren.

Die Erde ist ein "Wasserplanet". Die großen Ozeane bedecken zwei Drittel ihrer Oberfläche. Sie sind eine unerläßliche Voraussetzung für die gesamte Biosphäre und ein unersetzlicher Lebensraum für viele Organismen. Der Ozean war zugleich die Wiege für die ersten Lebensformen, bevor sie das Land eroberten.

Im Unterschied zu allen anderen Planeten des Sonnensystems besitzt die Erde Wasser in großen Mengen und zwar in allen Aggregatzuständen: gasförmig, flüssig, fest. Der größte Teil (97 Prozent) des Wassers befindet sich im Weltozean, 2 Prozent sind als Eis gebunden, und 1 Prozent verteilt sich auf Grundwasser, Bodenwasser, Oberflächenwasser, die Atmosphäre und die Biosphäre.

Wasser ist für viele globale Austauschprozesse unentbehrlich, denn es ist das Transportmedium für Kohlenstoff, Stickstoff, Phosphor und Sauerstoff. Für das Verständnis der Naturgewalten ist es enorm wichtig, darüber Bescheid zu wissen, denn kleinste Anteiländerungen in den Bestandteilen können erhebliche ökologische Konsequenzen haben, zum Beispiel Überschwemmungen, Dürreperioden, Ausbreitung von Wüstengebieten.

Die Meere sind für die Atmosphäre eine praktisch unerschöpfliche Feuchtequelle. Durchschnittlich verdunstet im Jahr über dem Ozean sechsmal soviel Wasser wie über Land. Durch die Verdunstung wird Wasser zu Wasserdampf und so für die Lufthülle transportfähig. Die atmosphärische Zirkulation verfrachtet ihn dann großräumig. Für diese Bewegungen benötigt die Atmosphäre Energie, die unter anderem durch die Kondensation des Wasserdampfes bereitgestellt wird. Auch Stürme und Hurrikane schöpfen einen Teil ihrer Energie aus dieser Quelle.

Der Wasserkreislauf ist ein einziges Wunder. Von den Landmassen fließt jährlich eine Niederschlagsmenge von etwa 40.000 Kubikkilometern in den Ozean zurück. Damit wird der Wasserdampf-Transport vom Ozean über die Atmosphäre auf das Land wieder ausgeglichen. Dabei spült das Wasser etliche gelöste und ungelöste Stoffe vom Land ins Meer. Die Verteilung von Niederschlag, Verdunstung und Abfluß beeinflußt direkt die Biosphäre, denn sie regelt Ausdehnung und Zustand der landgebundenen Ökosysteme. Somit steuert der Wasserkreislauf entscheidend die Gestaltung der Landmasse und ihrer Vegetation, die selbst wiederum auf den Wasserkreislauf einwirken.

Darüber hinaus wirkt der Ozean als Klimafaktor. Einerseits kann er durch längerfristige Änderungen in seiner Wärmeverteilung das Klima schwanken lassen. Andererseits dämpft er aktuelle atmosphärische Entwicklungen durch die thermische Trägheit seiner Wassermassen: Der Ozean kann viel Wärme aus der Luft aufnehmen, ohne sich selbst schnell aufzuheizen. Gäbe es den mildernden Einfluß der Meere nicht, wären zum Beispiel die täglichen Temperatursprünge lebensfeindlich. Wirklich erstaunlich: Die obersten drei Meter Ozeanwasser können soviel Energie speichern wie die gesamte Atmosphäre darüber. Deshalb vermag der Ozean einen Klimawandel nachhaltig zu verlangsamen.

Trotz des enormen Wasserreichtums steht dem Menschen davon nur ein Bruchteil zur Verfügung. Rund 97 Prozent des Wassers, das den Ozean füllt, ist salzhaltig und damit ungenießbar. Aber auch die 3 Prozent Süßwasser sind nicht uneingeschränkt verfügbar. Große Teile sind etwa als Eis in Gletschern und Polkappen gebunden. Weiteres Süßwasser befindet sich im Boden, in Seen und Flüssen oder tief im Gestein, anderes in der Atmosphäre. Lediglich 0,015 Prozent des gesamten Wassers der

Erde läßt sich ohne aufwendige Fördertechnik nutzen. Es ist zudem höchst ungleich verteilt: Für die Menschen in den Trockengebieten stellt das Grundwasser die einzige ganzjährige Wasserquelle dar, sofern überhaupt geeignete Grundwasserspeicher existieren.

Als Süßwasserspeicher haben die Polgebiete eine überragende Bedeutung. Allein im Inlandeis der Antarktis sind rund 80 Prozent des gesamten Süßwassers der Erde gebunden. Das war nicht immer so. Während der letzten großen Eiszeit waren weite Regionen Nordamerikas und -europas, auch große Teile Norddeutschlands von Eis bedeckt. Als es abschmolz, stieg der Meeresspiegel weltweit. Zustand und Stabilität dieser Eisschilde stehen somit in Wechselbeziehung zur Höhe des Meeresspiegels. Der ist wiederum über die Temperatur mit den Entwicklungen in der Atmosphäre verknüpft. So hängt alles miteinander zusammen.

Wasser ist ein sonderbarer Stoff. Im Wasser entstand das Leben. Hier entwickelten sich die ersten Mikroorganismen, deren Überreste der Mensch später in drei bis vier Milliarden Jahren alten Gesteinen entdeckte. Als einzellige Algen im Ozean damit begannen, über die Photosynthese das Kohlendioxid aus der Atmosphäre zu saugen und Sauerstoff freizusetzen, lieferten sie den entscheidenden Impuls für die weitere Entwicklung des Lebens. Was heute das Lebenselixier von Tier und Mensch ist, war vor drei Milliarden Jahren ein tödliches Gift für die ersten Lebensformen: Alles veränderte sich mit dem Sauerstoff-Molekül.

Nur jene Arten, die ihren Stoffwechsel umstellten und das Atmen lernten, hatten eine Überlebenschance. Doch zunächst blieb das Leben im Ozean. Dennoch traf der lebensfeindliche Teil der ultravioletten Sonnenstrahlen auf die Erdoberfläche. Eine tödliche Gefahr. Der Sauerstoff schuf die Voraussetzung dafür, daß das Leben den Auszug aus dem Wasser wagen konnte. Er stieg bis in die Stratosphäre auf, wo UV-Strahlen ihn spalteten und zu Ozon verwandelten. Dieses Gas filtert den lebensfeindlichen Teil der UV-Strahlung heraus. Unter seinem Schutzschild eroberte das Leben schließlich das Land. Und jetzt ist die Menschheit dabei, die Ozonschicht zu zerstören und damit das Leben zu gefährden!

Wasser ist wirklich ein sonderbarer Stoff. Die Fruchtbarkeit der Erde beruht auf "anomalen" Eigenschaften des Wassers: seinen außergewöhnlich hohen Schmelz- und Siedetemperaturen. Ein Vergleich mit den chemisch verwandten Substanzen Schwefel-, Selen- und Tellurwasserstoff zeigt, daß Wasser "normalerweise" bei circa minus 100 Grad Celsius schmelzen und bei circa minus 80 Grad Celsius sieden müßte. Das heißt: Eigentlich müßte Wasser innerhalb der üblichen Temperaturen auf der Erde ein Gas wie zum Beispiel Kohlendioxid sein. Stattdessen ist es ein Stoff, der im Wechsel von Verdunsten und Kondensieren auf diesem Planeten ein erträgliches Klima schafft. Sonderbar ist auch, daß Wasser nicht giftig ist; die ihm chemisch verwandten Substanzen sind es nämlich allesamt.

Wasser steckt voller Wunder, und wir nehmen sie nicht zur Kenntnis. Wasser spielt auch bei der Photosynthese eine entscheidende Rolle, dieser wundersamen Stoffwechselreaktion, bei der Lichtenergie in chemische Energie umgewandelt und das in der Luft und im Wasser vorhandene Kohlendioxid organisch in Form von Glukose gebunden wird; dabei wird Wasser in Wasserstoff und Sauerstoff gespalten und so eine Grundvoraussetzung des Lebens geschaffen. Kein Biologe hat das Prinzip der Photosynthese wirklich verstanden. Wer hier neue Detailerkenntnisse gewinnt, darf mit dem Nobelpreis rechnen.

Vielleicht haben wenigstens die Biologen das Staunen noch nicht verlernt.

"Wir müssen die Natur neu begreifen."

Frage: Was fasziniert Sie so am Wasser?

Schmidt: Wasser ist eines der vier Elemente - Wasser, Luft, Erde, Feuer -, die schon die Dichter besungen haben. Wasser ist ein Wunder der Schöpfung, bei dem man sich fragen muß: Ist die Evolution Zufall oder steckt dahinter ein Plan?

Frage: Ein Grund zum Staunen also?

Schmidt: Ja. Nur haben wir verlernt zu staunen. Die Naturgewalten sind für den modernen Menschen allenfalls ein Ärgernis, kein Grund zum Staunen. Wir bestaunen ja nicht einmal mehr unsere eigenen Schöpfungen, den Computer etwa oder die Astronautenfähre im Weltraum. Wir staunen vielleicht noch, wenn unser neues Auto schneller beschleunigt als das alte. Aber das ist es dann auch schon. Sich über so etwas Alltägliches zu wundern wie Wasser, dafür ist uns der Sinn abhanden gekommen. Wir sollten uns wieder mehr mit der Schöpfung beschäftigen, um jenen Respekt vor der Natur zurückzugewinnen, den unsere Vorfahren besaßen. Das würde auch dazu beitragen, die ökologische Katastrophe, die der Menschheit droht, abzuwenden.

Frage: Sie glauben, hinter der Schöpfung steckt ein Plan?

Schmidt: Ich bin davon überzeugt. Betrachten wir doch nur einmal die scheinbar selbstverständliche Tatsache, daß Wasser geschmacklos, geruchlos und farblos ist.

Frage: Was ist daran so besonders?

Schmidt: Stellen Sie sich einmal unsere Welt vor, wenn Wasser nicht geschmacklos, geruchlos und farblos wäre. Wie eintönig wäre unser Leben, wenn jedes Nahrungsmittel - fast alle enthalten zu einem hohen Prozentsatz Wasser - den charakteristischen Eigengeschmack von Wasser hätte, wenn Regen penetrant nach Wasser riechen und der Wolkenhimmel schwarz erscheinen würde, weil die vielen bunten Farben von einer charakteristischen Eigenfarbe des Wassers übertönt werden?

Frage: Eine schreckliche Vorstellung.

Schmidt: Und woran liegt es, daß es anders ist? An einem Wunder! Unser Auge erfaßt die Lichtwellen nur in dem Bereich zwischen violett und rot. Und gerade bei diesen Wellenlängen absorbiert das Wasser keine Strahlung, es erscheint farblos. Würden wir jedoch auch Infrarotstrahlen wahrnehmen, erschiene uns Wasser tiefblau bis schwarz. Auge und Wasser sind also so aufeinander abgestimmt, daß unsere Welt "durchsichtig" bleibt. Kann das einfach nur Zufall sein?

Frage: In der Tat, ein Grund zum Staunen.

Schmidt: Ein anderes Beispiel. Wasser ist eine der wenigen Substanzen, die sich beim Erstarren ausdehnen. Das feste Eis ist somit spezifisch leichter als das flüssige Wasser, es schwimmt auf dem Wasser. Wenn alles in der kälteren Jahreszeit erstarrte Eis auf den Meeresboden absinken würde, wären die Weltmeere seit Urzeiten von unten her mit Eis zugewachsen, die Sommersonne könnte nur dünne Oberflächenzonen eisfrei halten. Es gäbe kein Leben im Meer, auch den Menschen gäbe es nicht, denn alles Leben begann im Wasser. Zufall oder Plan?

Frage: Auf jeden Fall ein Anlaß, nachdenklich zu werden.

Schmidt: Der Meinung bin ich auch. Ein Blick in die Schöpfung lehrt uns Bescheidenheit.

Frage: Woran liegt es, daß sich der Mensch im Umgang mit der Natur so schwertut? Er ist doch ein Teil von ihr.

Schmidt: Vielleicht liegt es an der strikten Unterscheidung zwischen Geist und Materie, mit der vor 350 Jahren das Zeitalter der totalen Erforschung und Ausbeutung von Natur begonnen hat. Vordenker war der französische Philosoph René Descartes. Seitdem ist die Natur für uns eine Sache, die wir nach Belieben verwenden.

Frage: Der Mensch will sich souverän aus der Natur herausheben, nicht eins sein mit ihr, nicht eine ihrer Erscheinungsformen. Ist es das?

Schmidt: Ich glaube, ja. Wir müssen verstehen lernen, daß wir mit der Natur in Symbiose leben und mit ihr in jeder Millisekunde durch vitalen Stoffwechsel und Informationsaustausch verbunden sind. Wenn wir uns gegen die Natur stellen, kommen wir um. Deshalb ist es so wichtig, die Natur neu zu begreifen - und über sie zu staunen.